KB138045

아이의
마음을 여는
하브루타
대화법

아이의
마음을 여는
하브루타
대화법

초판 1쇄 인쇄 2020년 4월 1일
초판 1쇄 발행 2020년 4월 8일

지은이 정옥희

발행인 장상진
발행처 (주)경향비피
등록번호 제2012-000228호
등록일자 2012년 7월 2일

주소 서울시 영등포구 양평동 2가 37-1번지 동아프라임밸리 507-508호
전화 1644-5613 | **팩스** 02) 304-5613

ⓒ 정옥희

ISBN 978-89-6952-390-7 03370

아이의
마음을 여는
하브루타
대화법

정옥희 지음

경향BP

교실에 행복한 변화를 가져온 하브루타

교실에서 아이들과 하브루타를 하며 행복을 느끼기 시작한 이후 어느새 6년이 훌쩍 흘렀습니다. 저의 교사로서의 삶은 아이들과 하브루타로 생활하기 전과 후로 나뉜다고 할 만큼 하브루타는 교실에 행복을 가져다 주었습니다. 교육적 방법의 한 측면으로서만이 아니라 아이들과 공부하고 생활할 때의 교육적 가치로서 영향을 주었고, 교실 문화 자체를 변화시키는 데 큰 도움을 주었습니다. 이 세상에 존재하는 수많은 교육방법, 교육철학이 그 나름의 의미를 갖고 누군가에게 크고 작은 영향을 줍니다. 하브루타와의 만남은 제 교육적 삶이 전환을 맞이하는 계기가 되었습니다.

하브루타의 가치를 깨닫고 이를 교실에 적용한 것은 제 아이들인 콩이, 은이와 제 나름대로 하브루타 삶을 실천하면서 특별한 행복을 느꼈기 때문입니다. 제가 경험한 행복의 순간들을 우리 반 아이들과도 느끼고 싶었습니다. 제가 추구하는 교육방식을 제 아이에게만 실천하기에는 너무 아깝다는 생각도 있었습니다.

지금은 마음 아프게도 고인이 되신 전성수 교수님은 유대인의 교육방법인 하브루타를 '짝을 지어 질문, 대화, 토론, 논쟁하는 것'이라고 정의하고 대한민국에 널리 알리셨습니다. 최근 몇 년 동안 학교 교육에서 짝을 이룬 토론문화가 정착하는 데 하브루타가 매우 큰 역할을 했다는 것은 부인할 수 없을 것 같습니다. 저 또한 그동안 가정이나 학교에서 아이들의 생각을 물어봐주고 경청해주며 끊임없이 대화하기 위해 노력해왔습니다. 아이들이 자신의 의견을 마음껏 표현할 수 있는 기회를 주기 위해 애썼습니다. 하브루타가 교실에서만 그치는 것이 아니라 가정에서도 이어지기를 바랐고 부모와 아이가 함께 실천할 수 있도록 알림장에도 하브루타할 수 있는 내용을 써주었습니다. 제가 콩이와 은이와 함께하며 느낀 행복을 학부모들도 자녀와 함께 느껴보길 바랐습니다.

알림장, 주말 하브루타 일기를 통해 하브루타를 열심히 실천한 학부모들에게서 "하브루타가 습관이 되었다.", "자녀와의 대화시간이 늘었다.", "아이가 경험하고 느끼는 바를 공감할 수 있다." 등의 후기를 전해주었습니다.

새 학년을 맡을 때마다 학부모들에게 하브루타로 학급을 운영해나갈 것을 안내했습니다. 하브루타에 대해 궁금해하는 것을 좀 더 자세하게 안내해드리고 아이가 행복하게 자라도록 부모는 어떻게 해야 하는지에 대해 이야기를 나눠보고 싶었습니다. 하지만 학부모들과 만나 대화할 시간과 기회를 갖기는 쉽지 않았습니다. 이 책에는 제가 학부모들과 하브루타에 관하여 나누고 싶었던 이야기와 생각이 담겨 있습니다.

저는 하브루타를 학습의 방법으로만 접근하지 않았습니다. 모두가 즐겁게 아이를 키우며 더 행복한 엄마로 성장할 수 있도록 돕고 싶었습니다. 지금은 각각 중학교 1학년, 고등학교 2학년인 두 아이를 키우면서 기록했던 육아일기와 교실에서 하브루타를 실천하며 남긴 기록을 바탕으로 가정과 학교에서 하브루타로 아이들을 행복하게 교육하는 방법을 풀어나갔습니다.

『아이의 마음을 여는 하브루타 대화법』이라는 제목에는 2가지의 마음과 바람이 담겨 있습니다. 첫째는 학부모들이 이 글을 통해 하브루타를 조금씩 실천하며 아이의 마음에 살짝 다가감으로써 조금 더 행복해지면 좋겠다는 마음입니다. 둘째는 저 또한 엄마의 마음으로 교실에서 하브루타를 실천해온 것처럼, 하브루타를 실천하며 아이들의 마음과 생각을 들어주고 이야기를 나누는 교실 및 학교가 더 많아지기를 바라는 마음입니다. 이런 마음을 담아 이 책에 아이와 함께 더 구체적이고 깊이 있는 대화를 나눌 수 있도록 제가 엄마로서 아이와 함께한 하브루타, 교실 속에서 체계적으로 실천한 하브루타의 사례를 다양하게 실었습니다.

'1장 엄마, 쉽지 않은 그 길'에서는 지금 이 순간 엄마로 살아가고 있는 숨 가쁜 우리의 모습을 돌아보고 자녀를 어떤 관점으로 바라보고 다가가야 하는지를 생각해봅니다. 그리고 내일 조금 더 행복한 아이와 엄마가 되는 데 작은 도움이 되는 하브루타를 소개합니다.

'2장 하브루타로 대화하기'에서는 자녀와의 하브루타를 위해 부모로서 가져야 할 마음과 기억해야 할 것을 결핍, 자존감, 경청, 관계라는 4가지 키워드로 살펴봅니다. 이 책의 목적은 하브루타로 열어가는 질문과 대화를 통해 아이와 엄마의 마음이 맞닿아 함께 행복할 수 있도록 돕는 것입니다. 이를 위해 어떤 부모로서 아이에게 다가가야 할지 하브루타가 지닌 철학적 관점에 근거하여 서술합니다.

'3장 하브루타로 배움 열기'에서는 하브루타를 실천하는 엄마가 되기 위해 엄마의 삶을 돌아보고, 아이들을 앞에서 끌어가는 것이 아니라 반 걸음 뒤에서 지켜봐주는 부모의 모습을 이야기합니다. 하브루타를 위해 기본이 되어야 할 책 읽기와 질문에 대해서도 깊이 생각해봅니다.

'4장 하브루타로 생각 나누기'에서는 대화, 토론, 논쟁을 이끌기 위해 필요한 질문에 익숙해지는 방법을 다룹니다. 질문 만들기를 구체적으로 어떻게 지도해야 할지, 질문을 통해 아이들의 생각을 어떤 방향으로 키워 나아가야 할지 소개합니다. 아이들과 일상, 책, 체험 등을 통해 어떻게 하브루타를 펼쳐갈 수 있는지 서술합니다.

'5장 엄마, 하브루타로 성장하기'에서는 자녀와의 하브루타를 넘어 엄마 스스로의 삶을 하브루타하는 것의 중요성을 논합니다. 행복한 아이를 위해 하브루타를 실천하며 끊임없이 아이 교육을 공부하고 학교교육에 적극적으로 참여하는 것이 왜 중요한지 살펴봅니다. 나아가 엄마들의 공동체가 갖는 소중함을 살피고 실천할 수 있도록 안내합니다.

유대인의 하브루타가 아닌, 교사로서 우리나라 교육현장에서 하브루타를 실천하며 느낀 점을 나누고 싶습니다. 부모로서 가정에서 하브루타를 실천하며 아이와 함께 웃고 울며 깨달은 점을 나누고 싶습니다. 부디 이 책이 자녀와의 행복한 삶을 펼쳐 나가고 싶은 부모들에게, 현장에서 하브루타를 실천하며 행복한 교실을 만들고 싶은 선생님들에게 도움이 되면 좋겠습니다.

정옥희

차례

4장 **하브루타로 생각 나누기**

5장 하브루타로 성장하기

처음 만난 하브루타,
이것이 궁금해요!

Q1 하브루타가 무엇인가요?

유대인의 공용어로 쓰였던 아람어 '하브루타(Havruta)'는 탈무드를 함께 공부하는 두 사람을 가리킵니다. 전체 노벨상 인구의 약 30%에 달하는 유대인의 삶 속에는 하브루타가 뿌리 깊게 자리하고 있습니다. 하브루타 학습법을 개발한 오릿 켄트(Orit Kent) 교수는 하브루타의 의미가 현대에 이르러서는 꼭 탈무드뿐만이 아니라 유대인의 텍스트를 함께 공부하는 두 사람을 가리킨다고 말했습니다.

우리나라에 하브루타를 처음 알리고 하브루타 수업모형을 만든 고(故) 전성수 교수는 '짝을 지어 질문, 대화, 토론, 논쟁하는 것'이라고 정의했습니다. 현재 대한민국에서의 하브루타는 유대인의 교육방법으로서 보통 2명이 짝을 지어 토론하면서 서로 생각을 일깨워주며 배워나가는 논쟁 중심의 수업방식으로 통용됩니다.

Q2 하브루타와 토론의 차이점은 무엇인가요?

교실에서 토론수업을 할 때 말하기를 좋아하는 아이들은 토론활동에 적극적으로 참여하지만 자신의 의견 표현에 서툰 아이들은 듣기만 하게 됩니다. 발언할 기회가 주어져도 토론연습을 충분히 하지 못했기 때문에 상대방의 의견에 대한 자신의 생각을 표현하는 것을 어려워합니다. 그러므로 근거를 바탕으로 자신의 생각을 표현하는 경험을 모든 아이에게 충분히 제공해줄 필요가 있습니다.

하브루타는 2명이 짝을 지어 자신의 생각을 말하기 때문에 의견을 표현할 기회가 각자에게 50%씩 주어집니다. 두 사람이 기본이기에 상대방이 말할 때는 적극적으로 경청해야 하고, 상대방이 말하지 않을 때는 자신의 생각을 말해야 합니다. 하브루타를 하는 동안 처음부터 끝까지 토론에 참여할 수 있죠. 30명, 아니 1,000명의 학생이 있다고 해도 하브루타를 하면 모든 학생이 토론을 경험할 수 있습니다.

Q3 질문, 대화, 토론, 논쟁이라고 하면 될 텐데 왜 하브루타라고 하나요?
질문, 대화, 토론, 논쟁은 늘 있어 왔던 교육방법입니다. 학생들의 생각이 자라나게 하는 방법임을 누구나 알고 있지만, 교육현장에서 질문, 대화, 토론, 논쟁을 활용한 교육활동은 활발하게 이루어지지 못했습니다. 그러나 하브루타가 대한민국 공교육계에 보급된 이후 교실 속에서 '질문'이 가진 중요성과 의미가 크게 부각되었고 수업활동에서 짝을 지어 질문, 대화, 토론, 논쟁하는 활동이 더욱 활발히 이루어지게 되었습니다.
대한민국 학교현장에서 활용되는 하브루타 수업방법 중 학생들의 생각을 일깨워주는 데 큰 역할을 한 것이 '학생들이 직접 교과서 내용이나 교실활동과 관련하여 질문을 만들어보는 활동'입니다. 질문이 익숙한 유대인에게는 불필요한 활동이지만, 우리 아이들에게는 하브루타 실천을 위해 꼭 필요한 활동입니다. 실제로 질문을 만들며 하브루타를 해본 학생들은 생각의 범위가 넓어졌다고 말합니다. 질문 만들기를 비롯해 대화, 토론, 논쟁의 활동이 하브루타라는 이름으로 이루어졌기에 좀 더 색다르고 의미 있게 다가왔을 것이라고 짐작합니다.

Q4 자녀와 하브루타를 실천할 때 꼭 기억해야 할 것은 무엇인가요?

아이와 하브루타를 해보기로 결심했다면, 아이와 함께하는 모든 상황에서 경청의 자세로 함께 질문하며 대화를 나누는 것이 시작입니다. 대화에서 점차 토론, 논쟁으로 나아가게 됩니다. 하브루타를 위해서는 늘 대화 소재가 될 텍스트가 필요합니다. 탈무드, 그림책, 동화책, 신문기사, 영화, 뉴스 등 다양한 자료를 하브루타의 텍스트로 활용할 수 있습니다.

유대인의 하브루타는 탈무드를 바탕으로 이루어집니다. 하지만 제가 책에서 다루고자 하는 엄마의 하브루타는 고 전성수 교수의 하브루타 관련 저서를 토대로 실천한 내용을 바탕으로 합니다. 가정에서 아이와 함께 하브루타를 실천할 때에는 일상에서 쉽게 구할 수 있는 자료, 엄마와 아이의 경험에 이르기까지 모든 것이 텍스트가 됩니다.

아이의 마음을 여는 하브루타, 어렵지 않아요!

1. 아이와 함께하는 순간순간 질문을 떠올려 이야기를 이어가세요.

   → 아이와 더 많은 생각을 나눌 수 있습니다.

2. 엄마가 질문을 던지면서 아이의 질문도 살짝 이끌어내세요.

   → 질문을 해볼수록 질문하는 능력이 향상됩니다.

3. "넌 어떻게 생각하니?"라고 자주 물어보세요.

   → 생각 표현하는 능력이 향상됩니다.

4. 질문하고 나서는 눈, 귀, 마음으로 경청하세요.

   → 아이의 말을 경청하면 더 신이 나서 말합니다.

5. 질문을 강요하지 말고 놀이처럼 이끌어보세요.

   → 아무리 좋은 것도 아이에게 일방적으로 강요하는 순간 힘을 잃습니다.

6. 자꾸 지시하는 말투가 된다면 문장 끝에 물음표를 붙여보세요.

   → 물음표를 붙이면 지시하는 듯한 딱딱함이 조금은 부드러워집니다.

7. 아이의 말을 기억하고 행동을 관찰하여 기록을 남기세요.

   → 또 다른 하브루타 텍스트가 될 뿐 아니라 아이의 성장을 확인할 수 있습니다.

8. 아이와의 질문과 대화가 풍성해지면 토론 혹은 논쟁의 시간을 만들어보세요.

   → 단순한 대화를 넘어 서로 생각을 부딪치고 근거를 제시하며 주장을 펼치는
   능력을 길러주는 게 하브루타입니다.

1장

엄마,
쉽지 않은 그 길

엄마도
성장하는 중

아이의 밀어냄은 더 다가오라는 무언의 신호입니다.

-슈물리 보테악(Shmuley Boteach)

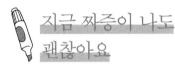 지금 짜증이 나도
괜찮아요

    첫째아이가 초등학교 1학년이었을 때의 일입니다. 아이가 자꾸만 연필을 이상하게 잡고 글씨를 씁니다. 사실 연필을 어떻게 쥐든지 자신이 편하고 글씨를 바르게 쓸 수 있으면 그만일 텐데, 교과서의 예시와 다르게 연필을 잡는 손의 모양이 자꾸만 제 눈에 거슬렸습니다. 글씨는 예쁩니다. 지금까지 학교에서 보아온 아이들의 글씨를 떠올려보면 아들아이는 꽤 섬세하고 정갈하게 글씨를 쓰는 편입니다. 그런데도 그 사실을 깨닫고 인정하며 칭찬해주기까지는 참 오랜 시간이 걸렸습니다.

담임선생님으로부터 아이의 연필 쥐는 자세가 잘못되었다는 말을 들은 후로는 손 모양이 더더욱 눈에 띄었습니다. 사실 아주 소소한 일인데도 담임선생님과의 상담 중에 그 소재가 등장하면 이상하게 더 신경 쓰이게 마련입니다. 어떻게든 아직 어릴 때 연필 잡는 법을 제대로 알려주고 싶었던 저는 옆에서 계속 조언을 해주고 손을 바로잡아주려고 애썼습니다. 그러나 아이의 손 모양은 더 나아지지 않았고, 저는 결국 아이에게 화를 내고 말았습니다.

엄마라면 누구든 이런 경험이 있을 것입니다. 아이가 내 뜻대로 되지 않을 때, 조금만 바뀌면 될 것 같은데 안 될 때, 엄마 마음을 몰라줄 때 엄마는 화가 납니다. 속상한 마음을 조절하고 스스로 감당해내야 할 텐데, 그런 화난 마음은 고스란히 아이에게로 갑니다. 그러고 나서는 또 후회합니다. 좀 더 이해해주지 못하고, 좀 더 참아주지 못한 것 같아 스스로가 원망스러울 때도 있습니다.

첫째아이가 어렸을 때 저는 이러한 순간을 꽤 많이 반복했습니다. 물론 저와는 달리 아이를 처음 키울 때부터 지혜롭게 상황에 대처하고, 아이에게 늘 최선을 다해 배려하는 시간들을 엮어온 엄마도 있을 것입니다. 제가 첫째아이를 기르던 순간을 뒤돌아보면 첫아이를 낳아서 기르는 순간부터 육아에 대해 열심히 공부하고 노력한 엄마들이 참 부럽기도 하고 존경스럽기도 합니다. 제가 조금 더 자녀를 행복하게 키울 수 있는 방법에 대해 공부하고 제 자신을 다스리는 연습을 했더라면, 좀 더 일찍 첫째아이와 행복을 맛보지 않았을까 생각합니다.

그러나 어쩌면 저에게 그런 시간들이 있었기에 지금 이 순간 우리 집의 아이들과 부모와 자녀로서 좋은 관계를 유지할 수 있는 게 아닌가 생각합니다. 또한 교실의 아이들과도 더 행복하게 지낼 수 있었지요. 모든 것이 평탄했다면 아마 저는 고민하고 성찰하면서 더 나은 상황을 만들어가기 위한 노력을 덜했을지도 모르니까요.

만일 지금 이 순간 내가 내 아이에게 너무 짜증과 화를 자주 내는 엄마인 것 같다는 생각이 든다면, 그건 앞으로 더욱 성장할 여지가 많다는 뜻이기도 합니다. 힘든 시간과 고민의 순간들은 뒤돌아보면 한 걸음 더 나은 나를 만들어가는 과정 속에 꼭 필요한 요소이니까요. 그러니 아직 너무 부족한 것 같다며 너무 속상해하지 말고, 더 좋은 엄마로 성장해갈 수 있는 길을 고민하고 실천하는 우리가 되면 좋겠습니다.

 ## 엄마로서의 실수를 딛고 다시 일어서요

저는 엄마들이 자녀를 키우면서 더 큰 행복을 누릴 수 있었으면 하는 바람으로 이 책을 쓰기 시작했습니다. 물론 하브루타를 통해 공부도 더 잘하게 된다면 당연히 좋겠지요. 사실 공부는 마음이 평안하고 행복해야 잘할 수 있습니다. 성인이나 중·고등학생은 공부에 대한 동기만 있어도 어느 정도 열심히 공부할 수 있습니다. 저도 고등학교 3학년 때 공부에 전념할 수 있도록 최선의 환경을 제공하는 집안 상황이 아니었지만 열심히 공부했던 기억이 납니다. 그러나 초등학생은 안전하고 평안한 가정환경이 갖춰져야 즐겁게 공부할 수 있습니다. 마음이 편안한 환경을 조성해주는 데 가장 중요한 역할을 하는 사람이 바로 엄마입니다. 엄마의 따스한 마음과 말이 아이들로 하여금 행복하게 공부하도록 이끕니다.

아이를 키우다 보면 어떤 엄마든 큰 기대를 갖고 아이에게 이것저것 경험하게 하고 공부를 시킬 것입니다. 요즘 젊은 엄마들은 잘하는 것이 많아서 자녀의 독서활동, 수학, 영어, 피아노 등을 직접 봐주는 엄마도 많습니다. 저도 첫아이 학습을 직접 봐주었는데, 수많은 시행착오를 겪었습니다. 짜증도 났고 화도 많이 났습니다. 교실현장에서 반짝반짝 빛나는 아이들을 많이 보아서인지는 몰라도 내 아이의 모습은 늘 기대에 못 미쳤습니다. 아마 엄마의 그러한 느낌은 아이에게 알게 모르게 그대로 전달되었을 테죠.

첫아이가 저학년 때에는 아침에 출근해야 하는 분주한 상황 속에서도 눈뜨자마자 알림장 공책을 따로 준비하여 그날 아이가 할 일 리스트를 작성해 책상에 놓고 나갔습니다. 퇴근하고 와서는 그것을 확인하곤 했지요. 그러나 남자아이를 키워본 엄마들은 다 경험해보았을 테지만, 아이가 그 리스트대로 시간 맞추어 꼼꼼히 잘해내기란 쉽지 않습니다. 더군다나 하교 후 엄마가 옆에서 도움을 주는 것도 아니고 혼자서 인내심을 갖고 해내야 하는데 결코 쉽지 않은 일이지요. 물론 정말 잘해내는 아이들도 있습니다. 하지만 초등학교 저학년 아이가 엄마가 만들어놓은 할일 리스트를 스스로 다 완수해낸다는 것은 정말 어려운 일입니다. 특히 남자아이들은 더 그렇습니다. 그리고 그 일들을 다 수행해내는 것만이 꼭 바람직한 것도 아닙니다. 그것은 아이의 계획이 아니라 엄마의 계획이니까요.

그러나 저는 잘해내는 아이들의 기준에 맞추어 첫째아이가 그것을 제대로 해내지 못하면 짜증을 많이 냈습니다. 지금 다시 되돌아간다면 아이와 조곤조곤 이야기 나누며 하루를 어떻게 계획하고 무엇을 하고 싶은지 초롱초롱한 눈빛으로 귀 기울이며 이야기를 나눌 텐데 말이지요. 그러나 그때는 엄마로서 너무 미숙했습니다. 매일매일 엄마가 엮어놓은 틀 안에서 아이는 얼마나 답답함을 느꼈을지 참 미안하고 후회스럽습니다.

그래도 그러한 일상 속에서 삐걱거리는 아이와 나 사이의 관계를 발견했다는 것은 그 실수를 만회할 수 있음을 의미하기도 했습니다. 아이가 고학년으로 올라가면서는 도저히 엄마의 틀 안에서 아이를 이끌어갈 수 없음을 깨닫기 시작했고, 그 순간 저는 제 생활 속에서 첫째아이를 대하는 방식이나 말투가 둘째아이를 대하는 모습과 너무나 다름을 스스로 느낄 수 있었습니다. 둘째아이에게는 한없이 너그럽고 상냥한 제가 첫째아이에게는 늘 지시와 평가만을 일삼고 있었지요.

그동안의 제 실수를 되돌리기 위해 무언가 적극적인 노력을 하기로 했습니다. 그러나 누구나 그렇듯이 마음먹은 대로 실천이 쉽게 되지는 않습니다. 내가 고쳐나가야 할 것을 머리로는 알면서도 몸이 따라주지 않는 것입니다. 그래서 저는 단 한 가지만 바꾸기로 했습니다. 그것은 그다지 실천하기 어렵지 않을 것 같았습니다. 바로 아이에게 하는 모든 말끝에 무조건 물음표(?)를 붙이는 것입니다. 다음과 같이 말이지요

-이제 숙제해야지. → 숙제는 했니?

-얼른 씻고 자라. → 씻고 잘 준비는 됐니?

-신발 끈 똑바로 매야지. → 신발 끈 예쁘게 맸는지 다시 한 번 볼래?

-양치해야지. → 양치는 깨끗이 했니?

신기하게도 물음표를 붙이기 시작하니 어쩐지 제 말투가 더욱 상냥해진 듯했습니다. 둘째아이를 대할 때처럼 말이죠. 물론 존중하는 말투로 말하기 위해 애써 노력하기도 했습니다. 그때부터 아이의 마음을 더 적극적으로 묻게 되었습니다. "네 맘은 어때?", "네 생각은 어때?"라고 말이지요. 공부를 도와줄 때도 지시어가 아닌 질문 형태로 말하니 아이도 그 상황을 훨씬 마음 편하게 받아들이기 시작했습니다. 제가 문장 끝에 물음표를 붙이고 질문 중심으로 아이와 대화를 해나가다 보니 어느 순간 아이와의 사이에 굳게 서 있던 벽이 스르르 허물어진 느낌이 들었습니다. 그 후로 질문이 가진 힘을 느끼게 되면서 유대인의 공부 방법인 하브루타를 만나고 두 아이를 더욱 행복하게 키워나갈 수 있게 되었습니다.

우리는 살아가면서, 그리고 자녀를 키우면서 실수하고 시행착오를 겪습니다. 그것은 너무나 당연한 것입니다. 그러나 그 실수를 딛고 더 나은 방향으로 나아갈 길을 찾기 위해 조금이라도 노력한다면 우리에게는 더 좋은 엄마로서의 성장이 이어진다고 생각합니다.

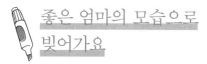

좋은 엄마의 모습으로 빚어가요

누구나 요리도 맛있게 잘해주고, 늘 친절한 말로 아이를 편안하게 해주며, 공부를 도울 때도 교양 있게 지도해주는 그런 엄마가 되고 싶을 것입니다. 그러나 좋은 엄마가 되고 싶다는 막연한 바람은 있지만, 그것을 생활 속에서 실천할 때는 수많은 한계에 부딪칩니다. 엄마는 너무 할 일도 많고 챙길 일도 많으며, 그런 정신없는 상황 속에서 또 아이들은 내 뜻대로 되어주지도 않습니다. 나는 좋은 엄마가 되려고 하는데 내 주변은 나를 그렇게 만들어주지 않는 것 같습니다.

워킹맘의 경우는 더 심각합니다. 마음은 아이에게 잘해주고 싶고 많은 것을 같이 해주고 싶지만 아이들과 함께할 시간은 부족하고 몸은 늘 힘들기만 합니다. 몸이 지치면 아이에게 향하는 마음 또한 방전되기 마련입니다. 짜증나지 않을 일도 더 짜증날 때가 많습니다. 힘든 하루하루를 보내느라 내 아이에게 최선을 다하지 못한 스스로에게 화가 나기도 합니다. 모든 것이 내 탓이 아닌데도 말이지요.

우리는 누구나 더 좋은 엄마가 되고 싶습니다. 그것이 마음대로 되지 않는 상황에서는 그 탓을 자기 자신에게로 돌릴 때도 많습니다. 엄마 잘못이 아니고 엄마 탓이 아닌데, 늘 부족한 것만 같은 엄마 자신의 모습이 너무나 속상하기도 합니다. 그러나 엄마 스스로 자기 자신을 격려하고 사랑해야 합니다. 지금 이 순간, 너무나 힘든 자리를 우리가 얼마나 잘 지켜내고 있는지요?

좋은 엄마가 되어가는 과정에서 내 맘대로 잘 안 되는 경우는 내 탓이 아니기도 하지만, 때로는 내 탓이기도 합니다. 연애하던 시절을 생각해보면 조금 도움이 될지도 모르겠습니다. 누군가를 사랑하는 마음은 스스로의 마음과 행동에 큰 변화를 주지요. 사랑하는 사람에게 조금이라도 더 좋은 모습을 보이려 애쓰게 됩니다. 조금 더 멋진 사람이 되기 위해 노력하지요. 그리고 그러한 노력을 통해 조금은 더 바람직한 모습으로 변화되기도 합니다.

　아이를 사랑하는 만큼 우리는 아이에게 좋은 엄마로서의 말과 행동을 하기 위해 노력해야 합니다. 그런데 이상하게도 사랑하는 연인에게처럼 아이에게는 잘 보이기 위해 노력하지 않습니다. 왜일까요? 그것은 아이를 한 명의 완연한 인격체로서 바라보지 못하기 때문입니다. 어쩌면 자녀는 나에게 소유된 것이라는 생각이 있기 때문일지도 모르겠습니다.

　아직 어릴 뿐이지 아이들도 성인처럼 엄마의 모습에 대해 마음으로 자신만의 이미지를 구축해나갑니다. 성장한 후 엄마와의 시간을 떠올리게 될 때 어려서부터 쭉 보여주었던 모습 전부를 뭉뚱그려 엄마를 기억하게 됩니다. 늘 꾸지람만 하던 모습, 자신이 하는 모든 일에 칭찬과 격려가 아닌 핀잔만 하던 모습, 잘 웃지 않던 모습, 이런 모습들은 그대로 아이의 마음에 엄마의 이미지로 남게 됩니다. 엄마가 아이에게 늘 상처만 주고, 그 상처를 회복할 시간을 갖지 못한다면 아이는 자신이 받은 상처 그대로를 엄마에게 되돌려주게 될지도 모릅니다.

　내가 좋은 감정을 갖고 그 사람을 대하면 굳이 말로 표현하지 않아도 상대방은 그 마음을 압니다. 이상하게도 마음과 마음은 알게 모르게 통합니다. 아이와의 관계도 마찬가지입니다. 내가 아이에게 가지는 사랑의 마음을 아이는 압니다. 내가 아이에게 좋은 엄마가 되고 싶다는 마음가짐을 늘 유지하고 좋은 엄마에 어울리게 내 언행을 가다듬으려는 노력은 나를 조금씩 좋은 엄마로 빚어갑니다. 물론 아이의 판단과 내 마음이 일치하지 않을 때도 있습니다. 나는 굉장히 친절하고 아이의 마음을 배려하고 있는 것 같은데, 아이는 그렇게 느끼지 않을 때도 많습니다. 그럴 때는 엇갈린 부분이 어디인지 서로 간의 대화가 더 필요하겠지요.

내가 부족하다고 생각하는 순간이 더 성장할 수 있는 최적의 기회입니다. 부족함을 느껴본 엄마가 오히려 더 좋은 엄마가 될 수도 있습니다. 실수했던 만큼 더 느끼고 더 배우니까요. 저 또한 엄마로서 부족했던 제 모습으로 인해 매일 조금씩 더 나은 엄마가 되기 위해 노력하는 것처럼 말입니다.

하브루타 대화법 TIP

✽ 아이에게 말할 때 문장 끝에 물음표를 붙여 말을 건네보세요.

물음표만 붙여도 엄마의 말투는 훨씬 상냥해집니다.

- 이제 숙제해야지. -> 숙제는 했니?

- 얼른 씻고 자라. -> 씻고 잘 준비는 됐니?

02

자녀는
내게 맡겨진 선물

두려워하면서 배우는 일은 지속되지 않는다.
-파멜라 메츠(Pamela K. Metz)

 자녀는 나의
소유가 아니에요

우리는 가끔 착각할 때가 있습니다. 자녀가 나의 소유라고 생각하는 것이지요. 그러나 사실 내가 낳은 아이라 할지라도 부모는 결코 자녀를 소유할 수 없습니다. 오히려 자라서 온전한 성인으로 자립하기까지 자녀는 단지 내게 맡겨진 선물과 같은 존재입니다. 그 귀한 선물을 만나 아기 때의 사랑스러움으로 인해 기쁨을 만끽한 후 학창시절 이런저런 갈등의 과정을 함께 겪으며 어른으로 성장해나갈 수 있도록 돕는 것이 부모의 역할입니다.

우리는 때로 아이가 부모에게 잠시 맡겨진 선물이라는 사실을 잊는 것 같습니다. 저 또한 마찬가지입니다. 때로는 내가 원하는 대로, 내가 이끌고자 하는 방향으로 아이가 따라 주기만을 바랄 때가 있습니다. 머리로는 아이의 의견을 존중해야 함을 알면서도, 내 행동과 말은 어느새 나 중심적으로 행할 때가 있습니다.

다음의 글은 첫째아이 콩이가 8살, 둘째아이 은이가 3살 때 아이들을 재우고 쓴 일기입니다. 잠든 모습을 보고 있노라면 한없이 사랑스러운 아이들이건만 아마 그날도 저는 하루 동안 아이들과 함께하면서 부족했던 나의 모습을 돌아보고 후회했던 순간이 있었나 봅니다.

밤이 되면 아이를 재우기 위해 자장가도 불러주고,

토닥여도 주고,

때로는 엄포도 놓고,

어떻게든 빨리 재우려고 갖은 애를 쓰다가도

막상 잠이 들고 나면

왜 이리 아쉬운지….

한참을 들여다보고 또 들여다본다.

은이 재우고 들여다보고

콩이 재우고 들여다보고

그러고 나면 만날 시간이 훌쩍이다.

재우고 나면 책 정리해야지,

부엌 치워야지,

빨래 개야지 할 일이 태산이다.

하지만 내게 주어진 소중한 두 명의 선물이 있어

너무나 행복하다.

내가 사랑하고, 또 나를 사랑하는

천사 같은 두 아이가 있다는 것이 참 행복하다.

그러나 재우고 나면 이렇게 아쉽고 더욱 사랑스러운데,

왜 낮에는 가끔씩 얄미워 보이는 때가 있는 걸까?

오늘도 콩이 야단치고 난 후에

날 보고 안아달라고 할 때

"엄마는 아직 안아주고 싶은 마음이 안 들어."라고 한 게 마음에 걸린다.

시간이 흐른 뒤 "엄마 이제 안아주고 싶은 마음이 들어요?"라고 하는 사랑

스런 나의 콩이,

그토록 사랑스러운 콩이를 왜 자꾸 야단치는 걸까?

아무래도 은이에게 나의 사랑이 많이 쏠려있나 보다.

내일은 더 사랑하게 해주세요.

내일은 더 참을 수 있게 해주세요.

내일은 더 이해할 수 있게 해주세요.

2009년 2월 25일

사랑하지만
속상할 때도 많지요

아이가 선물 같은 존재라는 사실을 잊고 '내 아이니까 내가 이끄는 대로 따라와야 한다.'라는 생각에 사로잡힐 때, 엄마는 어느 순간 아이에게 짜증을 내고 맙니다. 좀 더 자기 물건 정리를 잘했으면 좋겠고, 책 읽으라고 말하지 않아도 스스로 책을 찾아 읽었으면 좋겠다는 생각을 하기도 합니다. 동생이랑 사이좋게 지냈으면 좋겠고, 어른을 만나면 좀 더 씩씩하게 인사했으면 좋겠다는 것이 엄마 마음입니다. 아이가 학교에 들어간 후에 아이의 공개수업을 참관하게 되었을 때, 발표도 쑥스러워 잘 못하는 것 같고 수업시간에 집중하지도 않는 것 같은 모습을 보았을 때는 너무 속상하지요.

아이가 태어나고 성장하는 동안 한 번도 엄마 속을 썩이는 일 없이 잘 커왔다면 그건 정말 축복받을 일입니다. 그리고 그런 경우는 거의 없을 것입니다. 엄마라면 아이로 인해 속상해본 경험은 다 있게 마련입니다. 그러나 생각해보세요. 이 세상 어떤 일도 다 내 마음대로 되지 않습니다. 하물며 하나의 인격체인 아이가 엄마의 계획대로만 자라기를 바란다는 것 자체가 말이 안 됩니다. 물론 엄마는 늘 아이에게 최선이라고 생각하는 길을 안내하는 것이겠지만, 엄마가 이끄는 대로만 아이가 따라간다는 것이 결코 자연스럽고 바람직한 일은 아닙니다.

중요한 것은 아이의 현재 모습, 아이의 생각, 아이의 마음입니다. 지금 내 자녀의 모습을 인정하고 격려해주며 엄마의 욕심을 조금 내려놓을 때 엄마도 조금 마음이 편해집니다. 아이의 머릿속에 있는 생각을 존중하며 아이 안에 있는 답을 함께 찾아나갈 때 엄마의 속상함은 많이 사라집니다. 저도 자녀에게 더 큰 무언가를 바라는 순간 속상한 마음이 꿈틀거리곤 합니다. 그럴 때 저는 아이가 아파서 단지 다시 건강해지기만을 바랐던 마음을 떠올리기도 하고, 아이가 가진 다른 장점을 생각해보기도 합니다. 그렇게 우리는 사랑하는 마음 안에 숨은 속상함을 달래가며 자녀를 매일매일 어여쁜 눈으로 바라보려 노력해야겠지요.

있는 모습 그대로
자녀를 예뻐해주세요

　제가 1학년을 두 번째로 맡았던 때의 일입니다. 그때는 3년간 휴직을 하고 둘째인 은이를 키운 후 학교로 돌아왔을 때였습니다. 첫째아이를 키우면서는 느껴보지 못했던 육아의 기쁨을 휴직 기간 동안 만끽했기에 유난히도 아이들 한 명 한 명이 각 가정에서 얼마나 소중한 존재인지를 가슴깊이 느낀 시기였습니다.

　아이를 초등학교에 입학시키고 나면 엄마들은 아이가 학교생활을 잘할지 무척 궁금해합니다. 그 마음을 압니다. 저 또한 휴직 중에 첫째아이를 1학년에 입학시키면서 얼마나 마음이 두근거렸는지 모릅니다. 입학식을 한 다음 날 유난히 눈에 띄는 한 엄마가 있었습니다. 교실 안으로 들어와 아이의 가방을 걸어주고, 필통 등을 꺼내 책상 위를 정리해주고 나갔습니다. 복도에 나가서도 아이의 행동 하나하나를 한참 동안 살펴보고 아이와 눈을 계속 마주치는 모습이 눈에 들어왔습니다. 거기까지는 괜찮았는데 그 눈빛에 담긴 메시지가 응원과 격려의 메시지가 아닌 아이에게 뭔가를 계속 지시하시면서 재촉하는 눈빛이었기에 참 안타까웠습니다.

엄마의 그 눈빛을 바라보는 아이의 표정은 정말 힘이 없어 보였고 많이 굳어 있었거든요. 담임교사인 제가 보기에는 그 아이가 너무나도 예쁘게 스스로 잘하고 있었는데, 엄마는 좀 더 멋지고 의젓한 모습을 기대했나 봅니다. 그 모습에서 첫째아이를 키울 때의 제 모습이 겹쳐 보였습니다. 늘 시간이 지나고 나서야 깨닫게 되는 우리네 모습이지요.

우리 아이들은 있는 모습 그대로 예쁘게 자라는 귀한 존재입니다. 교실에서 수많은 아이와 함께 생활해오면서 느낀 바는 아이들 스스로 자신이 잘하고 못하는 것들을 어느 정도 알고 있다는 겁니다. 중요한 것은 잘하고 못한다는 사실 그 자체가 아닙니다. 내가 아직 잘 못하지만 잘할 수 있다는 자신감, 내가 비록 부족하지만 내 모습 이대로 멋지다는 자존감과 당당함, 그것이 더 귀한 것입니다. 그런 마음을 심어주는 데는 그 누구보다도 아이와 늘 가까이 있는 엄마의 몫이 제일 큽니다. 엄마의 지지와 격려는 아이가 당당하게 설 수 있는 마음을 품도록 해줍니다. 내 자녀는 나에게 맡겨진 귀한 선물이라는 사실, 그래서 늘 감사함으로 소중하게 양육해야 함을 잊지 않았으면 좋겠습니다.

❃ "엄마 아들(딸)로 태어나주어 고마워…."라고 말해보세요

갑작스레 하려면 쉽지 않겠지만, 사랑의 표현도 연습이 필요합니다. 살짝

마음을 전하고 아이에게도 물어보며 도란도란 이야기를 나누어보세요.

─엄마 딸로 태어나주어 고마워. 은이는 이렇게 웃는 모습이 참 이쁘더라. 은이는 엄

마의 어떤 모습이 좋아?

03

하브루타
해보실래요?

많이 질문하고, 질문한 답을 잘 간직하며,
간직한 답을 남에게 가르치는 것,
이 셋은 학생을 스승보다 낫게 한다.
-코메니우스(Johann Amos Comenius)

 ## 하브루타란?

이 세상에는 수많은 교육철학과 방법이 있고, 특히 인터넷과 SNS의 발달로 우리는 무수한 정보에 노출되어 있습니다. 아이의 교육에 필요한 자료와 정보는 무궁무진해서 마음만 먹으면 쉽게 얻을 수 있습니다. 그러나 중요한 것은 그것을 진짜 나의 것으로 만드는 일입니다. 좋은 엄마가 되고 아이를 행복하게 키우기 위한 방법들은 언제든지 쉽게 접할 수 있습니다. 그것을 내 삶으로 끌고 들어와 내 삶의 일부로 만들 수 있는지가 관건입니다.

저는 하브루타를 실천하면서 '내가 직접 해보지 않고, 삶 속에서 느껴보지 않은 상태로 아이에게 강요하거나 가르칠 수 없다.'라는 것을 깨달았습니다. 내가 먼저 해야 아이들도 그 안으로 들어온다는 것입니다. 그렇게 삶이 될 때 서서히 변화가 일어나게 됩니다. 하브루타를 실천하고자 마음먹은 순간부터 조금씩 아이의 말에 더 귀를 기울이게 되고, 아이에게 생각할 기회를 주게 되며, 자신의 말로 표현할 시간들을 주게 됩니다. 그것은 엄마와 아이에게 작은 행복의 시작이 됩니다. 서로의 마음과 생각에 더욱 관심을 갖게 되니 어쩌면 당연한 것입니다. 아이의 생각이 더불어 자라는 것은 말할 것도 없겠지요.

앞에서 잠시 언급했듯이 대한민국에 하브루타를 널리 알린 고 전성수 교수는 하브루타를 '짝을 지어 질문하고 대화하며 토론하고 논쟁하는 것'이라고 정의했습니다. 짝과 함께 이야기를 나눈다고 생각하면 됩니다. 엄마가 아이의 짝이 되어 아이와 함께 하브루타할 수 있는 내용이나 방법에 대해 꾸준히 고민하면 됩니다.

그런데 이 '짝'이라는 것이 굉장히 중요합니다. 하브루타라는 말 자체의 어원이 '하베르' 곧 짝입니다. 짝을 지어 질문하고 대답하는 과정에서는 자신도 짝도 상대방에게 집중할 수밖에 없습니다. 제3자가 없기 때문에 자신과 상대방이 서로에게 최고의 경청자이자 최선의 대화 상대가 되어야 하는 것입니다. 결국 짝과 자신이 함께 하는 그 순간만큼은 다른 여러 사람이 함께 있을 때보다 서로의 말에 더 집중하고, 온전히 자신의 의견을 전하기 위해 노력할 수 있습니다.

유대인들은 삶 속에 온전히 자리 잡은 하브루타 문화 속에서 끊임없이 대화를 나눈다고 합니다. 태담에서부터 베드타임 스토리, 탈무드를 토대로 한 다양한 장소에서의 토론에 이르기까지 누군가의 일방적인 발언이 아닌 서로의 생각이 오가는 대화가 이어지는 것이지요. 여기서 우리가 의미 있게 바라보아야 할 것이 한 가지 있습니다. 바로 '질문'입니다. 유대인들이 끊임없이 하브루타할 수 있는 것도 상대방 또는 자기 자신에게 던지는 질문이 삶 속에 자리 잡고 있기 때문이지요.

하브루타에서 질문이라는 것을 처음부터 거창하게 생각하지 않아도 됩니다. 간단하게는 아이에게 스스로 자신의 행동이나 생각에 대한 이유나 방향을 끌어내는 소소한 질문으로부터 시작할 수 있습니다. 다음은 둘째아이가 1학년 때 나누었던 대화입니다. 아이가 스스로 행동의 방향을 결정하기 바라는 상황이었습니다.

은이: 엄마, 나 친구랑 놀고 싶어.

엄마: 응, 놀고 싶으면 어떻게 하면 좋을까?

은이: 할 일 다 하고 놀게.

(친구에게 전화해서 놀기로 약속한다. 그러고는 할 일은 안 하고 들떠만 있다.)

엄마: 은아 뭐하니? 이제 놀 수 있겠니?

은이: 어 맞다. 30분 동안 열심히 할 거야.

(초집중해서 끝낸 후 룰루랄라 놀러나가는 은이)

이 예처럼 저는 일상생활 속에서 질문을 통해 아이 스스로의 생각과 결정을 이끌어낼 수 있도록 돕는 대화 짝이 되어주려고 노력했습니다.

아마 많은 부모가 질문이 얼마나 중요한지 이미 잘 알고 있을 것입니다. 그러나 많은 사람이 질문의 중요성을 인지하고는 있으나 우리의 삶 속에 그것을 깊이 가지고 들어오는 데는 익숙하지 않은 것 같습니다. 때로는 질문이 중요하다는 그 말 자체를 너무 많이 듣게 되어 진부하게 들리거나 아무런 감흥이 느껴지지 않을 때도 있습니다.

너무 흔한 이야기가 될수록 그것의 본질을 찾고 내 것으로 만들어가는 게 쉽지 않습니다. 마치 살을 빼는 가장 기본적인 방법은 먹는 것을 줄이고 운동을 하는 것이지만 그 뻔한 사실을 나의 몸과 마음으로 실천하기 어려운 것처럼 말입니다. 질문이 있어야 우리는 대화를 하고 토론을 할 수 있게 되는 것입니다. 그리고 주어진 의견에 다른 질문이 더해질 때 우리는 또 다른 답을 찾아나갈 수 있게 됩니다. 그저 교과서나 책에서 주어진 답이 아닌 자신이 스스로 발견해나가는 다른 관점의 해답을 발견할 수 있는 것입니다. 인생에서의 답은 절대 하나가 아니니까요.

하브루타란 정해진 한 가지의 답이 아닌 수많은 해답을 찾아나가는 과정에서 끊임없이 질문하며 대화, 토론, 논쟁하는 것입니다. 그러므로 어린아이와 단순한 일상에 대해 질문과 대화를 나누는 것에서부터 학자들의 심도 있는 토론, 논쟁에 이르기까지 주어진 주제와 내용에 대한 서로의 질문과 의견이 오간다면 그것이 하브루타인 것입니다.

본래 하브루타는 유대인의 문화이지만, 대한민국에 하브루타가 전파된 이래 공교육에서 널리 실천되면서 우리나라만의 다양한 모형과 방법으로 하브루타가 이루어지고 있습니다. 비록 변화된 모습들은 다를지라도 그 본질은 텍스트를 중심으로 하여 짝, 질문, 대화, 토론, 논쟁을 키워드로 한다는 것은 변함이 없습니다.

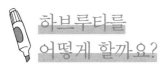
하브루타를
어떻게 할까요?

일상에서의 아주 소소한 상황과 관련해서 제가 교실에서 아이들을 생활지도했던 예를 들어보겠습니다. 탈무드와 같은 텍스트를 토대로 하브루타를 하는 것은 아니지만, 그 상황 자체가 하브루타를 위한 주제이자 내용이 되는 것입니다. 교실에서 뛰어다니는 아이에게 그냥 뛰지 말라고 말하는 대신 이렇게 질문하고 이야기를 끌어낼 수 있습니다.

은도토샘: OO아!

학생: 네?

은도토샘: OO아, 선생님이 왜 불렀을까?

학생: 아, 뛰어서요. (학기 초에 교실에서는 안전하게 걷도록 서로 합의하고 약속을 했기에 뛰다가 선생님이 부르는 순간 아이들은 그것을 다시 인지합니다.)

은도토샘: 그래, 왜 교실에선 안 뛰는 게 좋지?

학생: 친구들과 부딪칠 수 있어서 위험하니까요.

은도토샘: 그래, 그럼 OO이가 생각한 대로 행동하면 되겠다.

학생: 네. (또는 다양한 형태의 반응)

이렇게 행동하면 좋겠다고 학생에게 그대로 전달하는 것이 아니라 왜 그렇게 행동하면 좋은지를 질문을 통해 스스로 찾아내게 하는 것입니다. 그러나 현장에서 아이들을 가르치고 있는 교사라면 생활지도를 해야 할 때마다 이런 방식으로 지도한다는 것이 참으로 쉽지 않다는 것을 잘 알 것입니다. 또한 이러한 순간들은 1년 내내 끊임없이 반복되기에 끝없는 인내의 시간이 필요합니다. 수많은 학생을 지도해야 하는 상황에서 충분한 시간이 허락되지 않는 게 현실입니다. 여러 아이가 함께하는 교실에서 이렇게 한 명 한 명을 지도하기 위해서는 교사의 지속적인 노력과 다짐이 필요합니다. 마음은 준비가 되어도 생활지도를 해야 하는 상황은 매일매일 반복적으로 발생하기에 때로는 지치기도 합니다.

그렇게 볼 때 가정에서 내 아이에게 이렇게 질문하고 아이의 생각을 끌어내주는 것은 어쩌면 훨씬 더 최적의 조건과 상황에서 하브루타가 이루어지는 것이라고 볼 수도 있습니다. 물론 위의 경우처럼 자연스럽게 상황이 해결될 수도 있지만, 아이들의 특성은 만인만색이어서 절대 매번 위와 같이 평화로운 대화가 연출되는 것은 아닙니다. 질문하는 사람과 아이의 기본적인 관계, 그날 아이의 기분, 서로의 말투 등에 따라 삐걱거리기도 하고 자연스럽게 나아가기도 합니다.

엄마는 자녀를 가장 잘 아는 사람이기에 아이의 상황과 기분에 따라, 아이와의 관계에 맞추어 그 누구보다도 최선의 대화를 이끌어낼 수 있습니다. 단번에 아이와 자연스럽게 질문하고 대화할 수 있는 관계로 만들 수는 없지만, 엄마의 꾸준한 노력과 실천이 끊어지지 않고 이어질 때 변화를 느끼게 됩니다. 그 실천 안에는 아이를 이해하려는 노력이 반드시 뒷받침되어야 합니다. 저도 첫째아이를 키울 때는 아이를 이해하려는 노력이 많이 부족했던 것 같습니다. 그래서 더욱 시행착오를 겪었던 것이겠지요.

가정과 교실에서 하브루타를 실천할 때, 저는 어쩌면 하브루타를 통한 수업이나 생활지도 그 자체보다는 그 순간 먼저 아이에 대한 이해와 관계 맺기에 초점을 맞추는 것이 중요하다는 생각을 많이 합니다. 오릿 켄트 박사가 제시한 하브루타의 과정 속 특징들을 살펴보면 주어진 텍스트와 주제, 내용과 함께 상대방에 대한 이해, 존중, 배려의 자세가 기본적으로 뒷받침되어야 한다는 것을 느낄 수 있습니다.

하브루타 학습법을 개발한 오릿 켄트 박사는 비디오테이프와 기록으로 남겨진 하브루타의 상호작용 과정을 분석하여 다음과 같이 짝을 이룬 3가지 특징을 제시하였습니다.

첫째, 경청하기(Listening)와 분명히 표현하기(Articulating)입니다. 경청하기는 짝을 이루어 대화를 할 때 주어진 텍스트, 상대방의 말, 자신의 생각에 동시에 귀를 기울여야 한다는 것입니다. 하브루타의 상호작용 속에는 겉으로 드러난 표현 안에 담긴 깊이 있는 뜻까지 파악하기 위해 경청과 확인을 계속하며 서로의 생각을 설명하고, 자신의 이해한 내용을 표현하는 과정이 나타납니다.

둘째, 궁금해하기(Wondering)와 집중하기(Focusing)입니다. 한 가지의 답을 찾고 끝나는 것이 아니라 답을 열어두고 계속적으로 질문을 던져보는 것입니다. "넌 어떻게 생각해?", "넌 어떤 뜻인 것 같니?"와 같은 질문으로 본문에 대해 다양한 해석을 해보기도 하지요. 더 넓은 이해를 위한 과정인 것입니다. 그러다가도 어느 한 면에 초점을 맞추고 집중하여 심도 있게 생각을 주고받기도 합니다. 본문을 이해해나가는 과정에서 필요할 때는 특정 부분에 대한 의견을 깊이 있게 나누며 집중하는 시간을 가지는 것입니다.

셋째, 지지하기(Supporting)와 도전하기(Challenging)입니다. 상대방의 의견에 동의하며 지지하는 과정을 통해 서로 협력하는 분위기가 형성되고 이런 관계를 바탕으로 생각을 더 확장시킬 수 있게 됩니다. 짝이 제시하는 의견에 대해 동의하든 그렇지 않든 그 생각을 지지해주어 생각이 더 다양해질 수 있도록 돕는 것입니다. 상대방의 의견에 도전을 제기하는 것도 이기기 위한 목적이 아닌 서로 돕기 위한 과정입니다. 하브루타에서의 도전하기는 논쟁에서의 승부를 가르기 위해서가 아닌 건설적이고 창조적인 도전이라고 할 수 있습니다. 그러므로 공격적이 아닌 온화한 방식으로 이루어져야 합니다.

지지는 많은데 도전이 적으면 무비판적 주장이 됩니다. 반대로 지지는 적고 도전만 많으면 자신의 입장만을 취하게 되어 더 나은 아이디어를 탐색해낼 수 없습니다. 지지와 도전이 둘 다 적으면 너무 정적인 토론이 되겠지요. 그러므로 하브루타에서는 적극적으로 지지해주되 상대방이 자신의 의견에 대해 다시 되돌아보고 생각을 분명히 할 수 있도록 이끌거나, 새로운 관점을 던져주어 상대방의 생각이 더 구체화되고 발전하도록 도전하는 자세가 필요합니다.

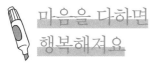

마음을 다하면 행복해져요

우리가 무언가에 관심을 기울여 나름의 목표를 가지고 열심히 전진할 때 애초에 의도했던 것과는 다른 뜻밖의 좋은 결과나 깨달음을 얻게 된 경험들이 있을 것입니다. 저의 경우 질문하고 대화하며 아이의 생각을 키워나가는 하브루타를 통해 자녀와의 관계 회복, 학생들과의 행복한 하루하루라는 의외의 기쁨을 얻었습니다. 제가 하브루타를 교육방법으로만이 아닌 삶의 문화로 생각하고 전하는 이유이기도 합니다.

공감, 경청, 배려, 존중과 같은 단어들은 우리의 하루하루를 행복하게 해주는 삶의 가치들입니다. 누군가와 하브루타를 하며 그 사람에게 진정으로 궁금한 질문을 던지고 온 맘을 다해 들어주다보면 그 사람도 행복하지만 결국은 나도 행복해집니다. 상대방을 위한 노력이 의도하진 않았더라도 결국은 내게 선물로 돌아오게 되는 것입니다.

사람들은 누구나 다 자신만이 경험한 삶의 역사와 맥락을 지니고 있기에 어떤 상황에 대한 자기 나름의 입장과 생각이 있게 마련입니다. 그리고 그 생각에 따라 행동하게 되지요. 비록 그것이 많은 타인에게 오류로 비춰질지라도 자신에게는 그것이 최선인 순간들이 있습니다. 그 순간 그 사람의 이야기에 귀 기울여주고 마음을 이해해줄 수 있다면 그가 가진 오류에서 시선을 돌릴 수 있도록 도울 수 있습니다. 그러나 그가 가진 생각에 아무도 귀 기울여주지 않는다면 그 오류로부터 스스로 벗어나기란 쉽지 않습니다.

아이들도 마찬가지입니다. 특히나 어린아이들은 자신만의 생각에 사로잡혀 떼를 쓰거나 고집을 부리는 경우가 많습니다. 그것을 지시나 꾸지람으로 아무리 바로잡으려 해도 온전히 고쳐지지 않습니다. 단지 그 순간만 잠잠해질 뿐이지요. 오히려 고집을 부리는 아이일수록 그 아이의 말에 귀 기울여주고 마음을 물어봐주려는 노력이 필요합니다. 그것이 바로 행복한 부모와 자녀의 관계, 행복한 가족공동체로 가는 길이 아닐까요.

하브루타 대화법 TIP

❋ "오늘 하루 기분이 어땠어?"라고 물어봐주세요.

아이의 기분을 묻고 온 마음을 다해 들어주세요. 그것만으로도 아이는 행복해합니다. 쫑알쫑알 이야기를 하다 보면 아이의 마음은 어느새 엄마로부터 사랑받고 있다는 느낌을 갖게 됩니다.

- 오늘 학교에서 기분이 어땠어?
- 친구들과 체험학습을 다녀오니 기분이 어땠어?
- 엄마, 아빠와 맛있는 것을 먹고 오니 기분이 어때?

2장

하브루타로
대화하기

결핍이 주는
힘

교사로서 잊지 말아야 할 중요한 일 가운데 하나는
학생들의 경험을 대신 해주어서는 안 된다는 것이다.
-파울로 프레이리(Paulo Freire)

 ## 조금은 느슨해져도
괜찮아요

아침부터 밤늦게까지, 아니 어쩌면 새벽까지 엄마들은 참 할 일이 많습니다. 그렇게 하루 종일 지치는 집안일이 매일매일 끝도 없이 이어지다 보면 정말 모든 걸 잠시 내려놓고 훌쩍 떠나고 싶을 때가 한두 번이 아닙니다. 누구나 겪는 감정입니다. 저도 육아에 지쳤을 때 아이를 남편이나 친정엄마께 맡겨놓고 종종 친구를 만나러 갔습니다. 물론 시간이 얼마 지나지 않아 아이가 눈에 어른거려 빨리 집으로 돌아가고 싶은 마음이 들곤 했지만 말이지요.

엄마가 종종 훌쩍 떠나고 싶은 이유는 일상 속에서 여유 시간을 갖지 못하기 때문입니다. 아이를 키울 때는 여유가 없는 것이 당연합니다. 초등학교 이전에는 아이의 일거수일투족에 손이 많이 가고, 초등학교에 들어가서도 아이의 학교생활 관리에 굉장히 손이 많이 갑니다. 엄마는 모든 것을 해내야 하지요. 그런데 사실 엄마가 자녀의 모든 것을 일일이 케어해주는 것은 아이러니하게도 결국은 아이의 삶을 케어해주지 못하는 결과를 낳게 됩니다.

아이의 삶 속에는 결핍의 상황도 필요합니다. 가끔은 엄마로서 갖는 부담을 살짝 내려놓아도 좋습니다. 아이에게 온종일 매달려 있지 않아도 괜찮습니다. 아이의 삶을 큰 그림으로 보고 하루하루를 조금 여유롭게 바라봐도 괜찮습니다. 아이에게는 엄마의 돌봄과 교육만큼 스스로 무언가를 해나가는 능력도 중요합니다. 이를 위해서는 엄마의 느슨함이 필요하지요.

보통 첫째아이를 키울 때 모든 것을 해주려는 경우가 많습니다. 저 또한 그랬습니다. 밥 먹는 것부터 신발 끈 매는 것까지 말입니다. 뒤돌아보면 참 후회스럽습니다. 아이에게 연습할 기회를 주고, 실수할 기회를 더 많이 주었어야 했는데 왜 그리도 따라다니며 깔끔하게 마무리해주고 싶어 했는지….

어린아이들은 밥을 먹게 되면서 숟가락과 젓가락에 익숙해집니다. 아이가 이유식을 떼고 밥을 먹기 시작할 때 숟가락에 익숙하지 않아 밥을 흘리게 되는데 많은 엄마가 직접 먹여줍니다. 만일 식탁이 지저분한 것을 조금만 감내하고 숟가락을 직접 사용하도록 기회를 준다면 아이는 훨씬 빨리 숟가락질에 익숙해집니다.

신발 끈도 마찬가지이지요. 서투르고 미숙하더라도 엄마가 매번 직접 매주기보다는 방법을 알려주고 스스로 시도해볼 수 있도록 지도하는 것이 아이를 성장하게 하는 길입니다. 일부러 엄마의 손길에 결핍의 여지를 만드는 것이지요. 다행히 첫째아이를 키우며 실수하고 깨달았던 것을 둘째아이를 키우면서는 조바심내지 않고 조금씩 내려놓으니 아이도 저도 많이 행복했습니다.

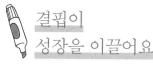

결핍이
성장을 이끌어요

과학수업을 할 때 저는 일부러 실험과정을 미리 설명하지 않고 아이들 스스로 실험에 필요한 도구, 방법 등을 토의해볼 수 있도록 했습니다. 제가 실험에 대해 세세하게 설명해주는 것도 의미가 있지만, 때로는 교사의 직접적인 안내 없이 아이들끼리 머리를 맞대고 길을 찾아가는 것이 더 큰 성취감을 주기 때문입니다. 함께 생각해가는 과정 자체가 큰 성장인 것이지요.

어떤 학생이 준비물을 못 가져왔을 때 학교에도 여분이 없으면 친구들에게 빌려야만 하는 상황이 발생합니다. 고학년일 경우 친구에게 준비물을 빌리는 일이야 어렵지 않게 할 수 있지만, 저학년은 그것이 굉장히 큰일로 다가오기도 합니다. 특히 수줍음이 많은 친구는 더욱 그렇지요. 그럴 때 제가 대신 다른 학생에게 빌려다줄 수도 있지만, 저는 일부러 아이 스스로 빌려볼 수 있도록 기회를 주었습니다. 저학년 학생들에게는 그 경험 또한 성장의 과정이기 때문입니다. 교사나 학부모가 끊임없이 일상 속에서 결핍의 여지를 제공하여 아이들이 스스로 헤쳐나갈 기회를 준다면 아이들의 마음은 훨씬 더 단단하게 자랄 것입니다.

우리 주변을 보면 역경과 힘든 시간을 보내고 큰 결과를 이루어낸 사람이 많습니다. 아주대 총장을 역임한 김동연 전 경제부총리 겸 기획재정부 장관은 어렸을 적의 어려운 환경이 절실함을 주었고 그 절실함에서 자란 꿈과 열정이 삶의 자양분이 되었다고 말합니다. 결핍이 오히려 자신의 자산이었다며 '결핍의 힘'을 이야기합니다. 부족한 것 없이 모든 것이 풍족하기만 한 상황에서는 무언가를 이루어내기 위해 노력하고 싶은 마음이 줄어듭니다. 무언가 부족하다고 느껴질 때 우리는 스스로에게 질문을 던지게 됩니다.

겨울 추위는 이처럼 역경에서 발휘되는 강한 생명력을 확인하고 신뢰하게 합니다. 그뿐만 아니라 겨울 추위는 몸을 차게 하는 대신 생각을 맑게 해줍니다. 그래서 저는 언제나 여름보다 겨울을 선호합니다. 다른 계절 동안 자잘한 감정에 부대끼거나 신변잡사에 얽매여 있던 생각들이 드높은 정신세계로 시원하게 정돈되고 고양되는 것도 필경 겨울에 서슬져 있는 이 추위 때문이라 믿습니다. 추위는 흡사 '가난'처럼 불편할 따름입니다. 그리고 불편은 우리를 깨어 있게 합니다.

-신영복, 『감옥으로부터의 사색』

아이들에게 주어지는 결핍과 불편함은 부족한 그 무언가를 찾아내기 위해 스스로 질문하고 탐색하는 시간을 갖게 해줍니다. 모든 것이 풍족할 때 우리는 굳이 생각하고 성찰할 필요를 느끼지 않습니다. 지금 이 순간 자녀에게 풍족함을 너무 많이 선사하고 있지는 않은지 돌아보아야 합니다.

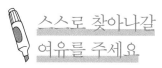

스스로 찾아나갈 여유를 주세요

우리 엄마들이 어렸을 적 받아온 교육 방식은 선생님이 알려주는 교과서의 내용을 그대로 전달받는 것이었습니다. 유대인의 하브루타 교육에서 선생님과 부모의 역할은 자녀나 학생들이 스스로 방법과 해답을 찾아나갈 수 있도록 이끌어주는 것입니다. 아이는 자신의 하브루타 짝과 주어진 내용에 대해 분석하고 토론을 통해 자신의 생각을 정리해나가며 지적인 성장을 이루어갑니다. 교사나 부모가 학생과 자녀에게 결핍의 여지를 제공하는 것이지요. 아이는 그 비어 있는 부분을 채우기 위한 방법을 스스로가 찾아나갑니다.

예전의 저는 아이에게 모든 것을 완벽하게 설명해주려 노력하던 엄마였습니다. 수학 문제집을 풀고 아이가 틀린 것이 있으면, 그것이 왜 그렇게 되는지, 어떻게 해야 맞는 방법인지를 아이가 이해할 때까지 설명해주었습니다. 물론 누군가를 가르칠 때 설명은 굉장히 효율적인 방법입니다. 그러나 아이에게 필요한 것은 틀린 문제에 대해 자신이 스스로 고민해보는 시간이었습니다. 급한 마음에 계속 이어지는 엄마의 설명보다는 또다시 틀리더라도 스스로 다시 생각해보고 질문해보는 시간이 더 필요했던 것이지요.

물론 지금은 콩이, 은이가 문제를 틀려도 다시 생각해보고 스스로 답을 찾을 때까지 충분히 시간을 줍니다. 실수할 기회, 다시 고민할 기회를 주려고 노력합니다. 틀린 문제에 대해 다그칠 필요도 없습니다. '결핍의 힘'을 알기 때문에 스스로 부족한 부분을 채워갈 수 있도록 조급한 설명을 잠시 내려놓고 기다려주는 것입니다. 아이가 너무나 어려워할 때는 길을 찾아나갈 수 있도록 살짝 방향을 안내하면 됩니다.

교실에서 아이들과 수학공부를 할 때에도 저는 틀린 문제에 대해 해결방법을 곧바로 가르쳐주지 않았습니다. 어떻게 해결하는지 충분히 고민해보도록 기회를 주었지요. 아이들이 이리저리 여러 풀이과정을 생각해보는 것 자체가 성장의 과정이니까요. 물론 그 문제에 관한 기초적인 학력이 부족해서 자세한 설명이 필요한 아이들이라면 적절한 도움을 주곤했습니다. 그러나 정답을 찾아나가기 위한 과정을 결코 하나에서부터 열까지 그대로 가르쳐주지는 않았습니다. 대신 끊임없이 고민하도록 했습니다. 그렇게 해서 자신이 찾아낸 답은 선생님이 그냥 알려주는 것보다 아이에게 훨씬 큰 힘이 되기 때문입니다.

✿ 엄마의 손길을 내려놓고 <u>스스로</u> 채워볼 수 있는 시간을 주세요.

아이가 어리거나 저학년인 경우 매일 책을 읽어주는 경우가 많습니다. 책을 읽어주는 시간에도 때로는 "오늘은 엄마가 좀 피곤한데 ○○가 엄마에게 읽어줄래?"라고 해보세요. 아이가 한걸음 성장할 수 있는 시간이 됩니다. 이때 이야기를 들으며 궁금한 것을 살짝 물어본다면 아이가 다시 한번 이야기에 대해 생각해볼 수 있는 시간이 될 수 있습니다.

02

결국은
자존감

부정적 태도는 아이의 환경을
긍정적인 영향으로 채워줘야 사라진다.
-토드 로즈(Larry Todd Rose)

 아이들 마음에도
상처가 쌓여가요

인생에는 수많은 경험이 녹아 있습니다. 어린 시절의 행복하거나 슬
픈 기억, 청소년기 친구들과의 추억, 어른이 되어 겪은 시행착오 등 다양
한 경험으로 삶을 채워나가죠. 나에게 힘을 준 기억도 있고 나를 한없이
절망케 한 기억도 있습니다. 정도의 차이는 있지만 누구나 그렇게 경험을
차곡차곡 쌓아갑니다. 그런데 살면서 어떠한 일을 겪든지 잊지 말아야 할
것은 나를 사랑하는 마음을 끝까지 소중하게 간직해야 한다는 것입니다.

아이들도 마찬가지입니다. 학령기 이전에 부모의 사랑을 충분히 받은

아이들은 자신을 사랑하는 마음이 단단합니다. 항상 자신을 사랑하는 마음을 품고 살아가면 좋겠지만, 학교에서 친구들과 작은 사회를 경험하며 그 마음은 흔들리기도 합니다. 자신의 현재 모습에 실망하기도 하고, 때로는 공부에서, 친구들과의 놀이활동에서 원하지 않는 상처를 입기도 합니다. 이는 세상에 적응해가는 과정이지만 이때 아이들은 어른 못지않게 스트레스와 좌절을 겪습니다.

친구는 공부를 잘하는데 나는 그만큼 잘하지 못해서 속상해하고, 수업 시간에 다들 발표를 또박또박 잘하는데 나는 그렇게 못해서 마음 아파하며, 친구들과 사이좋게 지내고 싶은데 친구 관계가 뜻대로 되지 않아 우울해합니다. 겉으로 표현하지 않더라도 알게 모르게 조금씩 상처가 쌓입니다. 금방 치유되는 상처도 있지만 내면에 켜켜이 쌓여 깊게 남는 상처도 있습니다.

어린 시절에 부모의 한없는 사랑과 격려 속에서 행복하게 자라온 아이들은 기본적으로 마음에 자신을 사랑하는 마음, 자신을 소중히 여기는 마음, 자신이 가치 있는 사람이라고 여기는 마음을 가득 품고 있습니다. 이런 아이들은 자신이 입은 상처를 치유할 수 있는 높은 자존감이 있습니다. 반면에 부모로부터 충분한 사랑과 정서적 지지를 얻지 못하고 어린 시절을 지내온 아이들은 낮은 자존감으로 인해 남겨진 상처로 힘들어합니다.

엄마의 격려와 지지가 힘이 돼요

하버드대학교 교육대학원 교수 조세핀 김은『교실 속 자존감』이라는 책에서 자존감이 높으면 자신에 대한 만족도, 학업에 대한 만족감이 대체로 높다고 말합니다. 늘 자신의 모습에 자신만만한 아이들이 있습니다. 수업활동에서 자신이 쓴 글, 자신이 그린 그림, 자신의 작품을 친구들과 공유할 때에도 결과물을 당당하게 보여줍니다.

반면에 항상 자신의 모습, 행동, 학습 결과물에 자신 없어하는 아이들도 있습니다. 선생님이 보기에 꽤 멋지게 완성했는데도 보여주기를 부끄러워하거나 자신이 잘했다는 것을 인정하지 못하는 아이들을 볼 때면 마음이 아픕니다. 그런 아이들에게는 부모와 교사의 진심어린 격려와 지지가 필요합니다.

아이들이 수업 중에 각기 다른 모습을 보이는 이유 중 하나는 자존감의 차이입니다. 자존감이 높은 아이들은 어쩌다가 선생님에게 훈계를 들어도 자신의 잘못을 인정하며 금세 훌훌 털고 언제 그랬냐는 듯이 친구들과 즐겁게 놉니다. 친구들이 속상한 말을 던져도 의연하게 상황을 잘 극복합니다. 어른인 저도 그런 모습이 부러울 때가 있을 정도로 말이지요. 또한 학교에서 하는 어떠한 활동이든 자신은 잘할 수 있다고 믿고 적극적으로 참여합니다.

반면에 자존감이 부족한 아이들은 친구의 작은 말 한마디, 자신이 한 아주 작은 잘못에 대해서도 굉장히 마음 아파합니다. 무엇을 하든지 망

설이고 분명 잘해낼 수 있음에도 자신없는 모습을 보입니다. 자신에 대한 믿음이 부족한 것이지요.

자존감이 낮은 아이들에게 꼭 필요한 것 중 하나는 바로 엄마의 격려와 정서적 지지입니다. 『나는 사고뭉치였습니다』를 쓴 하버드 교육대학원 교수 토드 로즈(Todd Rose)는 학창시절에 ADHD 판정을 받은 문제아였고 성적이 너무 낮아 고등학교도 중퇴하였습니다. 그의 어머니 라미다 로즈는 이렇게 말합니다.

"끔찍한 성적을 받아왔을 때도 그것이 아이의 모든 것을 말한다고는 생각하지 않았어요. 나쁜 성적, 교장 선생님의 호출, 아이에게 실망한 선생님도 있었지만 저는 아이가 학교에 다니는 동안 어떻게 자신을 사랑할 수 있을지 고민했고 아이 자체만 바라보았습니다."

잔뜩 찌푸린 얼굴로 집에 돌아올 때마다 그의 어머니는 아이를 꼭 안아주었습니다. 자신이 사랑받는 아이라는 것을 느낄 수 있도록 해준 것이죠. 그가 하버드 대학에 입학하고 교수가 될 수 있었던 것은 바로 어머니의 정서적 지지 덕분이었습니다.

그는 『나는 사고뭉치였습니다』라는 책을 통해 '아이들을 규격화된 학교교육에 억지로 맞추는 것이 아니라 교육이 한 명 한 명의 아이에게 맞춤형으로 다가가야 한다.'라는 교육적 메시지를 전합니다. 그리고 아이의 감정 상태에 귀 기울이는 것과 부모나 교사의 긍정적 피드백 및 정서적 지지가 매우 중요하다고 강조합니다.

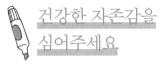

건강한 자존감을 심어주세요

세상을 살아가면서 마음이 나약해지는 상황을 결코 겪지 않을 수는 없습니다. 중요한 것은 자신이 마음 아픈 상황에 맞닥뜨렸을 때 그것을 극복해낼 수 있는 힘이 있느냐는 점입니다. 친구가 놀릴 때 당당하게 맞설 수 있는 힘, 시험을 잘 보지 못했을 때 자신을 격려할 수 있는 힘, 어떤 일을 시도할 때 잘할 수 있다는 용기를 품을 수 있는 힘이 필요합니다. 그 힘이 바로 자존감입니다.

자녀에게 높은 자존감을 줄 수 있는 사람이 바로 부모입니다. 특히 어릴 때부터 하루 종일 시간을 함께하는 엄마의 영향이 큽니다. 아이에게 자주 웃어주는 엄마, 긍정적인 말로 용기를 주는 엄마, 잘못했을 때 오직 그 잘못에 대해서만 훈계하고 마음은 따뜻하게 위로해주는 엄마가 필요합니다. 아주 작은 성취에도 그 안에 담긴 아이의 노력을 칭찬해줄 수 있는 부모에게서 자란 아이들은 마음이 건강합니다. 자신이 하는 일에 대해 부모로부터 핀잔을 듣고 자란 아이들은 늘 마음에 불안이 가득합니다. 자신에 대한 믿음도 많이 부족하겠지요. 무엇을 하든지 부모의 눈치를 봅니다.

지금까지는 아이의 자존감을 키워주지 못했다 할지라도 이제부터 아이의 자존감을 키워줄 수 있는 엄마가 될 수 있습니다. 늦었다고 생각할 때가 가장 빠른 때입니다. 교실에서 하루 종일 아이들과 함께했던 저는 학급 운영을 할 때 아이들의 자존감에 가장 중점을 두었습니다. 교사인 제가 아이의 자존감에 어떤 영향을 미칠지를 늘 생각했습니다.

둘 이상의 아이를 키우다 보면 이상하게 첫째아이보다 둘째아이가 더 자신감 넘치고 활기찬 것을 느낄 것입니다. 모두 그런 것은 아니지만 그런 경우가 많지요. 왜 그럴까요? 첫째아이를 키울 때는 아내도 남편도 각각 육아 경험이 처음이라 자녀에 대한 기대가 높습니다. 아이의 아주 소소한 일까지 관여하게 되지요. 간섭을 많이 한다는 의미입니다.

반면에 둘째아이를 키울 때에는 첫째아이를 키운 경험이 있어서 조금 여유로워집니다. 그만큼 아이가 자라는 과정에서 조급함은 한편에 미뤄두고 마냥 사랑스럽게 바라봅니다. 어떤 모습이든 예쁘고 조금은 부족해도 잘 큰다는 것을 알기에 여유 있게 사랑하고 격려해주지요. 그러한 충분한 격려는 둘째아이 자존감의 바탕이 됩니다. 엄마, 아빠의 절대적인 지지가 '늘 자신감 넘치는 둘째'를 만들어주는 것이죠.

첫째아이가 어렸을 때 저는 건강한 자존감을 심어주는 엄마가 되어주지 못했습니다. 아무래도 직업이 교사이다 보니 아이가 좀 더 바르게 행동하고 더 잘해내기를 기대했던 것 같습니다. 제가 잘못 생각하고 있었음을 깨닫자마자 아이의 자존감을 회복시키려고 끊임없이 노력했습니다. 점점 아이의 마음이 단단해지는 것을 보며 엄마의 정서적 지지가 얼마나 중요한지를 몸소 느끼고 배웠습니다.

지금은 공부를 잘하는 것도 중요하지만 자기 자신에 대한 자신감을 갖는 것이 훨씬 의미가 있음을 알기에 아이의 성적에 일희일비하지 않습니다. 대신 자신이 공부한 결과이니 자신이 책임져야 함을 알려줍니다. 어떻게 해서 이 과목은 이런 결과가 나왔는지를 묻고 앞으로 어떻게 해야 좋을지를 물어봅니다. 그것만으로도 아이는 스스로 무언가를 깨닫습니다. 물론 그것이 바로 실행으로 이어지는 것이 쉽지는 않습니다. 하지만 아이와 행복한 관계를 유지할 수 있다는 것만은 확실합니다.

첫째아이가 중학교에 입학하는 해에 1월 한 달간 영어캠프를 가고 2월에 다시 영어학원에 보내려고 했습니다. 저는 영어캠프가 끝나고 새 학기 시작하기 전에 아이가 한 달도 쉬게 내버려두지 못했던 겁니다. 아이에게 "2월은 다시 학원 다녀야지?"라고 했더니 반응이 시큰둥했습니다. 숙제가 너무 많아서 힘들다는 것입니다. 말이 나온 김에 왜 학원 가기가 싫은지 아이의 생각을 물어보고, 한 달 동안 영어학원을 가지 않는 대신 영어를 어떻게 공부할지 생각해보자고 했습니다. 아이는 자기가 영어학원을 다니기 전에는 어떻게 영어공부를 했는지 오히려 저에게 물어보았습니다. 그래서 이런저런 이야기를 나누다가 듣기, 말하기, 읽기, 쓰기로 나누어 한 달 동안 매일 영어공부를 해보자고 했습니다. 구체적으로는 매일 영화를 한 편 보고 제게 내용을 이야기해주고 또 써보기로 했습니다.

예전 같았으면 "그냥 한 달만 참고 다녀라."라고 했을지도 모릅니다. 그런데 늘 아이의 생각을 물어보려고 의식해서인지 저도 모르게 아이의 의사를 묻고 함께 방법을 찾았습니다. 잘해내든, 못해내든 그 과정과 결과를 통해 스스로 느끼기를 바랐습니다. 아마도 하브루타를 실천하면서 제 안에 밴 습관 덕분이었던 것 같습니다. 자녀와의 관계가 너무나 힘들다는 중2의 시간을 행복하게 지나올 수 있었던 것도 아이의 마음을 물어보려 나름대로 노력해서인 듯합니다.

아이 스스로 공부하고 자신의 진로를 찾아가도록 돕는 것은 저의 여전한 과제입니다. 우리 아이들이 모두 명문대에 입학하거나 대기업에 취직할 필요는 없습니다. 그럴 수도 없습니다. 그렇지만 아이에게 건강한 자존감을 심어주어 각자 지닌 재능과 소질을 살리며 힘차고 당당하게 세상을 살아나갈 수 있도록 부모가 이끌어줄 수 있습니다. 아이가 저학년이든 고학년이든 상관없습니다. 더 많이 격려해주고 응원해주어 아이의 자존감을 지켜주세요. 앞으로의 험난한 세상을 굳건하게 살아나갈 수 있는 힘이 될 것입니다.

하브루타 대화법 TIP

❋ 집의 특정 공간에 아이의 작품을 게시하고 오며가며 이야기를 나누어보세요.

우리 집 전시 공간

아이의 작품을 게시해주면 자존감을 높이는 데 도움이 됩니다. 저도 가정 및 교실에서 늘 아이들의 미술작품이나 글을 게시해주었습니다. 게시한 작품에 대해 오며가며 궁금한 것을 물으며 이야기를 나누면 금상첨화겠지요?

03

경청이 주는
마법

많이 듣고 적게 말하라.
-윌리엄 셰익스피어(William Shakespeare)

 ## 사실은 내 마음을
알아줬으면 해요

　살다 보면 '삐질 때'가 있습니다. 남편, 자녀, 주변 사람들로 인해 속상한 것이지요. 속상한 이유는 상대방의 생각과 다른 내 속마음을 몰라주기 때문입니다. 그런데 참 아이러니한 것은 내 마음을 알아주지 않아 서운함에도 불구하고 그 마음을 굳이 나서서 드러내고 싶지는 않으며, 그냥 가만히 있어도 내 마음을 알아줬으면 한다는 것입니다. 특히 나와 더 친밀하고 사랑하는 사이일수록 '토라짐'은 정도가 더 큽니다.

　아이를 키우다 보면 별것 아닌데도 아이가 토라지는 때가 있습니다.

그럴 상황이 아닌 것 같은데도 괜히 서운해하면서 시큰둥한 표정을 짓거나 삐진 척하지요. 그건 바로 엄마를 너무 사랑하기 때문입니다. 너무 사랑하기에 말하지 않아도 자기 마음을 알아줬으면 하는 것입니다. 아이가 토라져 있을 때는 꼭 안아주면서 "우리 OO가 마음이 넓은 아이인데 무엇 때문에 마음이 이리 속상할까?" 하고 한마디 해주면 엄마가 내 마음을 들어줄 준비가 되어 있다는 것을 느낍니다. 그러면 바로 그 순간은 아닐지라도 시간이 흐른 후에 자신의 마음을 엽니다.

사람을 유익하게 꾸짖고 그의 잘못을 깨우쳐주려고 할 때는 그가 어떤 방향에서 사물을 보는가를 관찰할 필요가 있다. 왜냐하면 그 방향에서 보면 대체로 옳기 때문이다. 그리고 그에게 옳은 점은 인정하되 그것이 어떤 면에서 틀렸는가를 보여주어야 한다. 그는 이에 만족을 느낄 것이다. 왜냐하면 자기가 틀린 것이 아니라 단지 모든 면을 보지 못했다는 것을 알게 되기 때문이다. 그런데 사람들은 모든 것을 보지 못하는 것에는 화내지 않지만 틀렸다는 말은 듣기 싫어한다.

-블레즈 파스칼, 『팡세』

누구든 자신의 입장에서는 자신이 옳다고 느낍니다. 그 마음을 감싸주는 겁니다. 물론 아이의 토라짐이 습관이 되어버리면 안 되겠죠. 자주 삐지는 아이에게는 그 마음을 감싸줄 만한 따뜻한 말을 건네세요. 아이가 차츰차츰 자신의 마음을 토라짐이 아닌 말로써 표현할 수 있도록 방향을 잡아주세요. 속상해하는 자녀에게 다가갈 때에는 넌지시 마음을 물어봐주어야 합니다. "어떤 게 그렇게 속상해?"라고 물으면 아이들은 슬며시 마음을 엽니다.

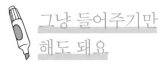

그냥 들어주기만 해도 돼요

자녀가 책을 읽고 공부와 학교생활을 열심히 하기를 원하는 까닭은 궁극적으로는 아이가 행복하기를 바라기 때문입니다. 학창시절에 열심히 공부했으나 이런저런 이유로 행복하지 못한 결과를 얻은 사람도 있을 것입니다. 그래도 부모가 자녀에게 열심히 공부하라고 말하는 본질적인 이유는 결국 자녀의 행복을 바라기 때문이죠.

우리는 모두 행복해지기를 바랍니다. 무엇보다도 부모는 자신보다 자녀가 더욱 행복해지기를 바랍니다. 그런데 그 행복이란 것은 결코 혼자만 누릴 수 있는 것이 아닙니다. 바로 옆에 있는 사람이 불행한데 나 혼자 행복할 수는 없습니다. 엄마가 행복하지 않으면 자녀가 행복할 수 없습니다. 자녀가 공부 스트레스로 인해 너무 힘든데 엄마 혼자 행복할 수 없지요. 그래서 서로의 행복을 조율하고 상대방의 감정을 이해할 수 있도록 대화를 나눌 필요가 있습니다. 내 아이가 지금 이 순간 어떠한 생각을 하고 있는지 끊임없이 귀를 기울여야 합니다.

우리는 때로 '부모와 자녀 간의 대화'가 지닌 의미에 대해 착각합니다. 부모가 일방적으로 독서와 공부의 중요성에 대해서 이야기하는 것, 자녀가 앞으로 어떻게 했으면 좋겠다고 이야기하는 것은 결코 온전한 대화라고 할 수 없습니다. 이는 저도 마음이 조급할 때 저지르는 실수입니다. 대화는 탁구공처럼 왔다 갔다 해야 합니다. 회의나 모임에서 연장자이거나 특정한 권력을 지닌 한 사람만의 일방적인 이야기만 끊임없이 이어지고 다른 이들에게는 발언의 기회가 주어지지 않을 때의 느낌을 떠올려보세요. 한 사람만 일방적으로 이야기를 계속할 때 다른 참여자의 마음이 아마도 부모의 일방적인 훈계를 듣는 자녀의 마음과 비슷할 것입니다.

자녀와 마음을 나누는 대화를 하고 싶은데, 자꾸 부모가 하고 싶은 말만 계속하게 되고 결국 대화가 아닌 훈계로 끝나는 경우가 있을 것입니다. 일단 모든 조급함을 내려놓고 '마냥 듣기'부터 시작하면 큰 도움이 됩니다. 교실 속 친구들과의 관계에서 마냥 속상해 짜증을 내거나 분노를 참지 못하는 아이의 경우도 일단은 눈을 마주하고, 진심을 담아 한참 들어주면 스스로 자신의 마음을 달래어 평화롭게 대화를 나누게 됩니다. 아이를 키우며 조급해하던 저도 그런 경험이 쌓여가면서 조금씩 변화했는지 모르겠습니다.

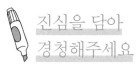

진심을 담아 경청해주세요

저는 교실에서 아이들의 속상함과 화를 받아주며 마음을 담아 들어주기까지 여러 번의 좌절, 그리고 슬픔과 인내의 시간을 겪었습니다. 화내고 분노하는 아이에게 어떻게 대처해야 할지 몰라 상황을 더 악화시킨 경험도 있었습니다. 그런 아이에게 자꾸만 화가 나는 제 자신이 한없이 밉기도 했죠.

아직 아이가 한참 어려서 하루 종일 육아할 때, 아이가 학교에 들어가고 나서도 방학이 되어 하루 종일 함께 지낼 때 버거운 적이 누구나 있을 것입니다. 내 아이 한두 명과 함께하는 것도 이러할진대 교실에서 수십 명의 아이와 하루 종일 함께 지내면서 해결해야 할 갈등 상황이 더 많이 발생하는 것은 당연한 일이겠지요.

그런 저의 고민을 해결해준 여러 가지 방법 중 가장 최고의 방법은 바로 '진심을 담은 경청'이었습니다. 아이가 어떤 잘못을 했더라도 거기에는 그 아이만의 특별한 이유가 있습니다. 그 아이가 가진 어떤 특성 때문만이 아니라 주변의 상황과도 관련이 있습니다. 그 이유는 타당할 수도 있고 그렇지 않을 수도 있습니다. 그 타당함의 정도가 온전할 수도 있고, 그렇지 않을 수도 있습니다. 진심을 담은 경청은 그 아이가 어떤 이유를 제시하든 그 아이의 입장에서는 그것이 타당하다고 여겨지기에 일단은 그 마음을 진심으로 이해해주어야 함을 뜻합니다. 마음은 결국 통하기 때문에 진심으로 들어주려는 눈빛을 아이는 느낄 테니까요.

진심을 담아 듣는다는 것은 상대방이 이야기할 때 귀 기울여 듣고, 그 순간 마음을 같이해주는 것 이상을 의미합니다. 그 순간이 지나서도 그 마음을 존중해주고 지켜주는 것을 의미합니다. 둘째아이도 엄마가 자기 말을 진심으로 들어줄 때 제일 좋고, 제대로 들어주는 않는 듯할 때 가장 속상하다고 표현하더군요. 아무래도 집에서는 마음이 느슨해지고 집안

일에 신경 쓰느라 딸아이의 모든 말에 최선을 다해 귀 기울이지는 못한 것 같습니다.

아이와 하브루타를 할 때에도 진심을 담은 경청은 꼭 필요한 선결조건입니다. 책을 읽고 본문의 내용에 눈과 마음으로 경청하며 상대방의 말을 진심으로 경청해야 제대로 된 대화가 이어집니다. 경청이 잘 이루어질 때 책의 내용을 더 잘 파악하여 말할 수 있고 상대방의 말에 담긴 의미와 긴밀하게 연결된 자신의 말을 할 수 있습니다. 경청이 중요하다는 사실을 몸으로 느낄수록 더욱 경청을 잘하기 위해 노력하게 됩니다. 진심으로 경청하는 습관을 갖게 되면 아이는 친구들과도 훨씬 좋은 관계를 유지할 수 있게 되어 그로 인해 행복감을 느끼게 됩니다.

대만의 가수이자 영화배우인 주걸륜이 직접 감독하고 주연으로 연기한 「말할 수 없는 비밀」이라는 영화가 있습니다. 피아노 배틀로 유명한 영화이지요. 거기서 여주인공인 샤오위는 시공을 초월한 자신의 사랑에 대한 고민을 음악선생님에게 이야기합니다. 영화 속에서 선생님은 샤오위의 이야기를 들어주기는 합니다. 샤오위의 엄마도 마찬가지로 샤오위와 있는 공간에서는 그녀의 이야기에 귀 기울여줍니다. 하지만 선생님도, 엄마도 샤오위의 마음을 진정으로 이해하고 지켜주지는 못합니다.

사실 샤오위의 말들은 현실적으로 믿을 수 없는 이야기입니다. 그럼에도 샤오위가 정신적으로 이상하다는 사실보다는 그녀의 마음을 온전히 이해하려 애쓰는 것에 더 큰 의미를 두었다면 샤오위는 자신이 겪은 사랑으로 인한 마음의 상처를 더 잘 극복할 수 있었을지도 모릅니다. 영화가 아닌 현실에서라면 말이지요.

우리 아이들의 말이 진실이든 거짓이든 그 안에 담긴 마음을 끝까지 소중히 여겨주고, 비밀을 지켜주는 것까지가 '진심을 담은 경청'입니다. 물론 때로는 내 마음 상태 때문에 경청을 할 수 없어 자녀의 말을 귀담아 듣지 못할 때도 있습니다. 오히려 짜증이나 화를 내게 되는 상황도 생깁니다. 부모도 사람이니까요. 그럴 땐 시간이 지나서라도 '진심으로 들어주지 못한 것, 마음을 이해해주지 못한 것'에 대해 미안하다고 표현해주면 아이도 엄마의 마음을 이해합니다.

하브루타 대화법 TIP

❋ 미소 띤 얼굴로 눈빛을 마주하며 아이의 이야기를 들어보세요.

아주 사소하게 들리는 이야기일지라도 아이의 마음을 묻고 이야기를 정성껏 들어주는 것은 자녀에게 큰 에너지와 자신감을 심어줍니다.

– 오늘 하루 동안 가장 즐거웠던 일 엄마에게 얘기해줄래?

– 학교에서 공부하면서 혹시 어려운 게 있었니?

– 엄마가 뭐든지 들어줄게, 우리 ○○가 무엇 때문에 속상할까?

04

자녀와의
관계 맺기

사람은 누구나 천재다.
하지만 나무에 오르는 능력으로 물고기를 판단하면
물고기는 자신을 바보라고 생각하며 평생을 살게 될 것이다.
- 앨버트 아인슈타인(Albert Einstein)

말에는
힘이 있어요

여러분은 자신의 생각, 자신이 하고 싶은 말을 충분히 하면서 살고 있나요? 아마도 내 마음속에 있는 답답한 마음을 말로 표현할 수 없는 상황을 누구든 겪어보았을 것입니다. 또한 누군가와 이야기를 나누고 난후 뒤돌아서서 '그때 이렇게 말했어야 했는데…' 하고 후회하거나 아쉬워한 적이 있을 것입니다. 대개 그런 아쉬움은 금방 사라지지만, 때로는 그 후회가 자신의 삶에서 큰 부분을 차지하는 경우도 있죠.

아이들은 매일매일 학교에 가서 친구들과 즐겁고 행복하게 지내고 싶어 합니다. 그런데 친구를 사귀고 관계를 맺는 데 가장 필요한 것이 무엇일까요? 바로 '말'입니다. 내가 친하게 지내고 싶은 친구에게 말을 건네지 않고 친해질 수는 없습니다. 우리가 누군가와 관계를 맺고자 할 때 가장 기본이 되는 것은 그 사람과의 대화입니다. 물론 웃음 띤 얼굴까지 함께한다면 금상첨화겠지요.

'말'이란 대단한 힘을 가지고 있습니다. 우리를 기쁘게도 하고, 슬프게도 하지요. 말 한마디가 내 삶에 큰 힘을 가져오기도 하고, 때로는 말 한마디로 내 마음이 무너지기도 합니다. 가족, 친구, 직장동료가 건네는 따스한 말에 얼마나 행복해지는지, 누군가가 건네는 날카로운 말에 하루가 얼마나 엉망진창이 되는지를 느껴보았다면 말의 힘에 공감할 것입니다.

아나운서가 말의 힘을 실험한 영상을 보고 난 후 가족 하브루타를 한 적이 있습니다. 아름다운 언어 사용의 중요성에 대해 생각해보는 시간을 가졌지요. 첫째아이는 둘째아이와 함께 대화를 나누고, 엄마와 아빠가 함께 서로의 말 습관에 대해 돌아보았습니다. 우리가 일상 속에서 사용

은이가 준비한 실험 세트

하는 말을 나누다 보니 서로의 말에 대해 서운한 점이 있었음을 알게 되었습니다. 자신도 모르게 가족 중 누군가에게 말로 속상하게 하는 경우가 있음을 깨닫게 된 것입니다. 그 시간을 통해 고쳐야 할 부분에 대해서도 이야기할 수 있어 좋았습니다. 둘째아이가 실험 동영상에 나온 것처럼 밥을 두 통에 넣어 실험을 해보자고 제안해서 각각 좋은 말과 나쁜 말을 사용하며 실험을 해보기도 했습니다.

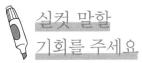

실컷 말할 기회를 주세요

아이들은 가족이 함께 모여 말할 때는 말을 잘하든 못하든 부끄러워하지 않습니다. 자신의 의견이나 생각을 논리정연하게 말하지 못하더라도 가족 앞에서는 괜찮습니다. 서로간의 관계에서 말로 인한 서운함이 있더라도 어느 순간 마음이 녹는 게 가족입니다. 가정은 아이들에게 말을 편안하게 연습할 수 있는 소중한 공간입니다. 그러나 바깥세상은 다릅니다. 온전히 이해받기도 쉽지 않고, 자신의 생각과 마음을 잘 표현하지 못할 때는 오해받기도 합니다.

교실에서 아이들은 재잘재잘 말을 참 잘합니다. 특히 쉬는 시간의 아이들은 정말 무슨 할 말이 그렇게도 많은지 쉴 새가 없습니다. 어떤 친구들은 제게 와서 친구랑 재미있게 놀았던 이야기, 엄마가 맛있는 음식을 해준 이야기, 가족이랑 여행 간 이야기 등을 신나서 늘어놓습니다. 그런데 모든 아이가 그렇게 말을 잘하는 것은 아닙니다. 자신이 하고 싶은 말을 하고 싶은 때에 제대로 말할 수 있는 아이들은 그리 많지 않습니다. 특히 수업시간에는 더더욱 그렇습니다.

한 번은 첫째아이가 초등학생이었을 때 "혹시 일 년 내내 반에서 네가 대화를 거의 나누어보지 못하는 아이도 있니?"라고 물었던 적이 있습니다. 아이는 스스럼없이 "네, 엄마."라고 대답했습니다. 첫째아이는 원래 누군가에게 먼저 다가가 친구를 사귀는 성격은 아니지만, 그래도 일 년 내내 이렇다 할 대화를 나눠보지 못한 친구가 있다는 말을 듣고 놀랐습니다.

'그래, 그럴 수 있구나. 먼저 말 걸기에 익숙하지 않은 친구들은 그럴 수 있겠구나. 어른들은 일부러 안 걸 수도 있겠지만, 아이들은 대화를 나누고 싶은데 못 나눌 수도 있겠구나. 그렇게 원래 말이 없는 아이들은 매일 학교에 가도 말하거나 발표할 수 있는 기회가 많이 없겠구나. 그러면 그 아이의 언어능력과 표현능력이 발달할 수 있는 기회는 점점 제한되고, 말을 조리 있게 잘하지 못할수록 말에 대한 자신감이 더 없어져서 더욱 안 하게 되겠구나.'

그 이후로 우리 반 아이들에게 자신의 생각을 표현할 기회, 친하지 않은 친구들과 대화를 나눌 수 있는 기회, 말이 없는 아이들이 생각을 표현할 수 있는 기회를 수업활동 중에 더 많이 주려고 노력했습니다. 그런 다짐으로 교실에서 아이들과 하브루타를 실천하는 동안 '아이들이 서로 친하지 않았던 친구들과도 일부러 수업시간에 수업내용 및 자신의 생각과 관련하여 말할 수 있는 기회를 많이 주니 참 좋다.'라고 느꼈던 순간이 있었습니다.

학기 초에 만났을 때만 해도 거의 말이 없고 항상 시무룩한 표정이던 여자아이가 급식 시간에 밥을 먹으며 저에게 이렇게 이야기했습니다.

"선생님, 저는 선생님이 하브루타를 알려주셔서 너무 좋아요."

"왜?"

"예전에는 제가 무슨 말을 해야 할지 몰라서 처음 만나는 친구와 친해지기 힘들었거든요? 그런데 이제는 제가 친구에게 물어보고 싶은 것을 생각하면서 이야기하니까 친구랑 할 말이 많아져요. 그래서 친구를 많이 사귀게 되었어요. 이제 친구 사귀는 것이 어렵지 않아요. 재미있어요."

어른들에게는 누군가와 대화를 나누며 친밀감을 쌓아가는 것이 그리 어려운 일이 아닐 수 있지만, 아이들에게는 그것 또한 배우고 연습해야 하는 일입니다. 그 연습을 걱정과 불안한 마음 없이 가장 편하게 할 수 있는 공간은 가정입니다. 세상에 태어나는 순간부터 아이는 그 연습을 합니다. 옹알이부터가 그 시작이지요. 아니, 옹알이 이전에 엄마와 눈을 마주치는 순간, 더 거슬러 올라가 엄마 뱃속에서 태담을 듣는 순간도 연습의 시작이라고 할 수 있습니다. 아이가 서투르더라도 말을 할 때마다 적극적으로 호응해주고, 받아주고, 맞장구쳐주는 시간이 쌓여 자신이 하고 싶은 말을 스스럼없이 표현할 수 있는 아이가 되는 것입니다.

저는 둘째아이가 어릴 때 제가 읽어준 책의 내용을 다시 들려달라고 부탁하곤 했습니다. 엄마가 내용을 잊어버렸다고 호들갑을 떨면서 말이죠. 아이에게 말을 연습할 기회를 준 것입니다. 그러면 딸아이는 엄마를 가르쳐준다며 신이 나서 이야기를 들려주었습니다.

생각을 말로 전할 수 있다는 것은 단순히 말을 잘하는 것 이상입니다. 내 머릿속에 무언가 멋진 생각, 의미 있는 지식이 들어 있다 할지라도 그것을 말로 표현해내는 것은 또 다른 노력을 필요로 합니다. 책이나 강의를 통해 배운 내용을 자신의 말로 표현해보십시오. 결코 쉬운 일이 아니라는 것을 느낄 수 있을 것입니다.

어른도 다른 누군가에게, 특히 지식이 많은 사람 앞에서라면 자신의 지식이나 생각을 말하는 것이 쉽지 않습니다. 아이들에게는 더 어려운 일이겠지요. 학부모들과 상담하다 보면 자녀가 학교에서 발표를 잘했으면 좋겠다는 말을 정말 많이 듣습니다. 꼭 1학년만이 아닙니다. 많은 학부모는 아이가 학교에서 자신의 생각과 의견을 잘 표현할 수 있기를 바랍니다.

말을 잘할 수 있는 아이가 되려면 말을 많이 해보아야 합니다. 조금은 논리적으로 말을 해볼 수 있는 상황을 설정해주면 더 좋겠지요. 교실에서 저는 아이들이 마치 아나운서처럼, 선생님처럼 설명해볼 수 있는 기회를 많이 주었습니다. 가정에서도 아이의 설명이나 발표에 귀 기울여 듣는 시간을 자주 가진다면 아이의 말은 날개를 달 것입니다.

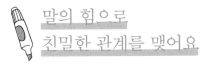

말의 힘으로
친밀한 관계를 맺어요

말에는 다양한 빛깔의 힘이 있습니다. 마음에 행복을 주는 말을 들었을 때 얻게 되는 힘도 있지만, 반대로 가슴이 답답하고 속상할 때 실컷 말해서 마음을 편안하게 해주는 힘도 있습니다. 그 힘은 상대방이 내 말에 귀 기울여주는 눈빛과 마음자세로부터 비롯합니다.

우리는 말을 통해 다른 이들과 관계를 맺어갑니다. 대화 속에서 서로에 대해 알고 더욱 돈독해지죠. 다른 이들과 좋은 관계를 맺기 위해 어떤 이야기를 나눌지 고민하고, 일부러 상대방이 좋아하는 화제로 이야기를 나누기도 합니다. 그런데 자녀에게는 그런 노력을 덜하게 됩니다. 사랑하는 자녀와의 친밀한 관계는 그냥 당연히 주어지는 것이라고 여기기 때문일까요. 하지만 아이가 커갈수록 다른 이들과 좋은 관계를 유지하기 위해 노력하는 만큼 내 자녀와도 좋은 관계를 유지하기 위해 노력해야 합니다.

세실 앤드류스(Cecile Andrews)는 『유쾌한 혁명을 작당하는 공동체 가이드북』에서 행복은 4가지 요소로 구성된다고 말합니다. 관계, 소명, 유희, 통제가 그것입니다.

- 관계 - 가족, 친구 그리고 시민활동을 포함해 타인과 맺는 사회적 관계가 필요하다.
- 소명 - 급여를 받든 안 받든, 의미와 목적을 부여하는 일이 필요하다.

- 유희 - 일상생활에서 즐거움과 기쁨을 느껴야 한다.
- 통제 - 민주적으로 사는 것을 의미한다.

-세실 앤드류스, 『유쾌한 혁명을 작당하는 공동체 가이드북』

행복의 4가지 요소를 가만히 들여다보면 전부 말과 관계가 있습니다. 누군가와 사회적 관계를 맺기 위해서 말이 필요하고, 내가 의미 있게 생각하는 어떤 일을 하는 데도 말이 필요합니다. 오히려 나의 입장을 말로 잘 표현하는 능력이 큰 도움이 되는 일이 많지요. 일상 속에서 즐거움과 기쁨을 느끼는 순간들도 모두가 내 옆의 소중한 사람들과 말을 하면서 이루어집니다. 물론 때로는 혼자만의 시간 속에서도 즐거움을 느낄 수 있지만요. 그리고 민주적으로 살아갈 수 있기 위해서는 의사 결정 과정에서 나의 의견을 충분히 제시하며 말할 수 있는 능력이 필요합니다.

사람은 자신의 이야기를 할 때 맛있는 음식을 먹는 것과 같은 행복을 느낀다고 합니다. 내 아이가 하고 싶은 말이 있을 때 언제든 실컷 풀어놓을 수 있는 분위기를 조성해주세요. 친구와 다투고 왔을 때나 선생님에게 꾸중을 듣고 집에 왔을 때 아이의 눈을 마주보며 속상함을 들어주고 그저 "우리 OO가 많이 속상했겠구나."라고 말해주면 어떤 위로로도 풀리지 않았던 아이의 마음이 스르르 풀릴 겁니다. 자신의 마음을 쏟아내고 나면 자기에게 있었던 일을 다시 한 번 객관적으로 돌아볼 수 있는 여유를 갖게 되지요. 그렇게 자기 이야기를 들어주는 누군가가 없다면 아이는 자기에게 일어난 일과 상황, 주변 사람, 세상에 대해 부정적 견해만 품게 될지도 모릅니다.

내 아이가 편안하게 말할 수 있도록 도와주는 것은 앞으로의 세상을 살아갈 때 힘이 될 수 있는 귀한 선물 한 가지를 주는 것입니다. 좋은 선물을 받는데 싫어하는 사람이 있을까요? 아주 작은 것에도 기뻐하는 우리 아이들이 '엄마의 적극적 공감'이라는 선물을 매일 받게 되면 엄마와의 관계가 나쁠 이유가 없습니다. 엄마를 신뢰하게 되지요. 내가 어떠한 상황에 처해 있더라도 일단은 내 말을 믿어주니까요.

교사가 교실에서 수업할 때 가장 중요한 것이 무엇일까요? 교과목에 대한 해박한 지식일까요? 잘 가르칠 수 있는 능력일까요? 물론 그러한 능력이 중요하지요. 그러나 그에 앞서 가장 우선시되어야 하는 것은 바로 학생들과의 '관계'입니다. 여러 사람 앞에서 강연을 하는 강연자의 경우를 예로 들어보겠습니다. 강연자가 청중에 대한 정보를 전혀 알지 못하는 것보다는 그들이 왜 그곳에 왔는지, 무엇에 관심이 있는지 등을 먼저 파악하고 강의에 임하면 강의 진행에 매우 큰 도움이 됩니다. 강사는 청중과의 아이스브레이킹을 위해 강의 내용을 시작하기 전에 재미있는 이야기로 좀 더 편안한 분위기로 만들려고 노력합니다. 저의 경우 강의에 앞서 강의 시간보다 일찍 도착한 수강생과 소소한 이야기를 나누기도 합니다. 그러면 그 장소가 주는 느낌이 서로에게 훨씬 편안해지지요. 그런 시간이 모두 서로 다른 형태의 '관계 맺기' 과정입니다.

한 번의 강연에서도 그러한 관계 맺기가 주는 힘이 있는데 매일 만나는 학생들과의 수업에서 교사가 끊임없이 학생들과의 관계 맺기에 노력을 기울인다면 얼마나 큰 힘이 있을까요? 평생을 함께할 자녀와의 관계 맺기는 얼마나 의미 있는 것일까요? 그 중요성에 대해서는 구구절절 설명하지 않아도 다들 알 것입니다.

부모라면 아이를 공부시키면서 아이가 잘 따라 주지 않아 속상한 마음에 짜증이나 화를 냈던 경험이 있을 것입니다. 그리고 '역시 내 자식은 못 가르쳐.'라는 결론을 내리게 되지요. 그 순간의 마음이 어떤지는 저도 경험을 통해 잘 알고 있습니다. 그런데 잘 생각해보세요. 아이가 잘못한다고 생각하는 순간, 엄마만 말하고 있지는 않았나요? 왜 이해를 못하는지, 왜 뜻대로 안 해주는지 엄마만 아이에게 하고 싶은 말을 하지는 않았나요?

그 순간에 틀린 답이나 생각에 대해 "왜 이렇게 생각을 했니?"라고 물어보면 어떨까요? 그런 순간일수록 아이의 마음이 어떤지 물어봐주고 들어주면 아이는 말하는 과정 속에서 스스로 자신의 모습을 돌아보게 됩니다. 그것이 말이 가지는 또 하나의 힘이지요. 아이의 말을 들어주면서 엄마와 아이는 더 친밀한 관계를 맺어갑니다. 엄마가 아이의 공부를 도와줄 때 문제를 풀면서 답이 틀리고 맞는 것은 부차적인 문제입니다. 그 과정을 통해 아이와 더욱 친해지는 관계가 될 수 있다면 몰라도 자꾸 그 시간 때문에 아이와의 관계가 멀어진다면 엄마가 공부를 돕지 않는 편이 현명합니다.

'말'은 양날의 검과 같습니다. 말이 가진 힘을 통해 아이와 행복한 관계를 맺느냐, 말 때문에 서로 괴로운 관계가 되느냐를 엄마들이 선택할 수 있습니다. 이왕이면 말이 가진 힘으로 아이와 행복한 관계를 맺어 내 아이가 세상을 당당하고 행복하게 살아갈 수 있는 마음과 힘을 주는 것이 어떨까요?

✿ "네 생각은 어때?"라고 자주 물어보세요.

처음엔 자신의 생각을 표현하기 힘들어하더라도 매일매일 묻다 보면 어느새 스스럼없이 자신의 생각을 표현하게 될 거예요. 물론 아이 각자의 속도가 있으니 내 아이가 여물어가는 시간을 기다려줄 필요가 있습니다. 아이의 생각을 물으면서 엄마의 생각도 논리정연하게 정리하여 표현해주면 좋은 모델이 되어줄 수 있을 거예요.

3장

하브루타로
배움 열기

01

엄마의 삶이
곧 가르침

선한 행동을 가르치기는 어렵다.
먼저 본을 보여주는 것이 더 낫다.
-세네카(Lucius Annaeus Seneca)

 공부는 학생들만
하는 것일까요?

3학년 사회 시간에 옛날과 오늘날의 교실 풍경을 비교해보며 이야기를 나누는 시간이 있었습니다. 아이들은 옛날 교실의 난로, 한 반의 많은 학생 수, 짝과 붙어 있는 책상 등을 보고 마냥 신기해합니다. 엄마들이 공부하던 시절과 지금의 교실 모습은 크게 다릅니다. 달라진 것은 겉으로 드러나는 교실의 모습만은 아니겠지요. 교실환경만큼 그 안에서 이루어지는 교육방법에서도 큰 변화가 이루어졌습니다. 더 좋은 교육방법, 더 효율적인 교수법, 교육의 방향에 대한 끊임없는 연구가 이루어지면서 교육현장은 많이 바뀌었습니다.

저의 학창시절을 떠올려보면 수업시간에 선생님이 칠판에 깨알같이 무언가를 쓰며 설명해주고, 학생들은 열심히 받아 적고 들었습니다. 예전의 우리는 그저 교과지식을 그대로 기억하고 그것을 시험에서 잘 끄집어내서 맞는 정답을 찾는 것이 '공부'라고 생각했습니다. 그렇게 공부하고 배워왔기에 아이들에게 부모의 공부 방식을 그대로 답습하게 하는 실수를 합니다. 하지만 환경이 바뀌면 그 새로운 환경에 적응하기 위해 변화를 꾀해야 하듯이, 시대가 변화하고 교육적 관점 및 방법이 바뀌어 가는 것에 발맞추어 부모도 끊임없이 교육에 관한 공부를 해야 합니다.

자녀의 학원, 체험학습 장소, 엄마의 취미활동, 부동산 가격 등에 대한 정보를 수집하고 귀를 기울이듯이 '교육' 그 자체가 지닌 본질적 의미와 특성, 교육의 시대적 흐름 등에 대해서도 지속적으로 관심을 가져야 합니다. 예를 들어 교과서에 대해 이야기해볼까 합니다. 아직도 많은 학부모는 교과서에 빈 부분이 있거나 과학 교과의 실험관찰 등에 무언가가 쓰여 있지 않으면 불안해합니다. 아이가 수업시간에 딴 짓을 한 건 아닌지, 선생님이 수업을 제대로 안 해준 것은 아닌지 걱정합니다. 하지만 '국가교육과정'이 갖는 의미를 알면 그러한 걱정은 내려놓을 수 있을 것입니다.

교사가 학생들을 가르칠 때 기준으로 삼아야 하는 것은 국가교육과정의 '성취기준'이지 결코 교과서가 아닙니다. 교과서는 그 성취기준에 도달하기 위한 수단, 자료가 되는 것입니다. 교사는 학생들이 교육과정의 성취기준에 도달하는 데 더 좋은 교육 자료와 내용이 있다면 교과서 대신 그것들을 활용할 수 있습니다. 아예 교과서를 전혀 사용하지 않고 교사가 성취기준을 중심으로 학생들에게 가르칠 내용을 재구성하여 일 년 내내 수업할 수도 있는 것입니다. 국가교육과정과 관련하여 더 자세한 내용과 정보가 알고 싶다면 '국가교육과정정보센터(http://ncic.go.kr)'에서 도움을 얻을 수 있습니다.

공부는 결코 아이들만 하는 것이 아닙니다. 부모들에게도 공부가 필요합니다. 대한민국 부모들은 자녀교육에 관심이 많아 다양한 정보에 귀를 기울입니다. 그러나 정작 더 고민하고 공부해야 할 부분은 '교육이란 본질적으로 무엇인가?', '내가 부모로서 성장하기 위해 더 노력하고 공부해야 할 것은 무엇인가?', '현 시대에 우리 아이에게 주어져야 할 진정한 교육은 무엇인가?' 등에 대해서가 아닐까요? 교육에 대한 자신의 가치관이 정립되어야 일시적으로 유행하는 사교육이나 각종 교육과 관련된 사소한 정보에 휘둘리지 않습니다. 내 자녀의 교육에 대한 큰 흐름을 갖고 일관된 마음으로 지지해줄 수 있는 여유를 갖게 될 것입니다.

저 또한 엄마 공부가 부족해서 옆집 아이의 학습지, 학원 정보에 촉각을 곤두세웠던 적이 있었습니다. 지금은 다른 아이와 제 아이를 비교하는 것이 아니라 아이가 가진 기질, 특징, 마음 그 자체에 집중하고 귀 기울이려고 노력합니다. 모든 아이의 삶은 그 아이가 가진 성향에 따라 나아가는 방향이 다를 테니까요. 아이의 모습을 있는 그대로 존중하고 받아들이면 갈대처럼 이리저리 흔들리던 엄마의 마음이 평안해집니다.

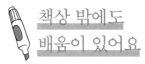

책상 밖에도 배움이 있어요

이곳저곳에 지식이 넘쳐나는 시대입니다. 예전보다 알아야 할 것도 많고, 익혀야 할 것도 참 많습니다. 그러한 지식들을 예전에는 학교에서 주로 얻을 수 있었다면, 지금은 수많은 경로를 통해 지식과 정보를 습득할 수 있습니다. 자신의 머릿속에 그 내용들을 꼭 다 집어넣지 않아도 됩니다. 삶에 더 큰 의미를 부여하는 것은 지식 그 자체이기보다는 그것을 통해 얻게 되는 통찰력, 사고방식, 가치관 등이기 때문입니다. 그것을 토대로 실제의 삶 속에서 몸으로 부딪치며 살아갈 수 있는 힘이 더 중요한 것입니다.

그동안 대한민국의 교육이 교육의 본질을 상실한 정답 위주의 절름발이 교육이었다는 사실에는 누구나 고개를 끄덕일 것입니다. 방향이 잘못되어왔던 만큼 이를 바꾸어나가기 위한 노력이 공교육현장에서 많이 있었습니다. 교육에 관심이 많은 학부모라면 학생중심수업, 프로젝트 학습, 토의학습, 협동학습 등의 용어를 자주 들어보았을 것입니다. 경쟁보다는 협력에 초점을 두어 학생들이 함께 성장해나갈 수 있도록 이끄는 것이지요. 미래사회에서 살아갈 우리 아이들에게 필요한 것은 지식 그 자체만이 아닙니다. 내가 가진 지식을 활용하여 자신의 삶을 주체적으로 이끌어갈 수 있는 능력이 필요합니다. 그 과정에서 자신이 속한 공동체와 협력하며 함께 성장해갈 수 있어야 합니다.

객관주의 패러다임에서의 지식은 고정적이며 불변하는 것이기에 상황, 역사, 문화를 초월해 적용할 수 있는 절대적인 진리와 지식을 추구합니다. 그러므로 객관주의에 근거한 교수-학습활동에서 교사와 학생은 단순히 지식을 전달하고 습득하는 관계인 것입니다. 이와는 달리 구성주의에서의 교사는 학생의 학습을 돕는 조언자, 촉매자이고, 학생은 자율적이고 적극적인 학습의 주체가 됩니다. 구성주의에서의 지식이란 단단하게 굳어져 있는 것이 아니라 유연성을 가져 끊임없이 변화를 거듭하는 것입니다.

구성주의에 따르면 '절대적 지식' 혹은 '절대적 진리'란 존재하지 않으며 오히려 지식이란 개인의 사회적 경험에 의거하여 구축되어지는 개별적인 인지적 작용의 결과이며, 이것은 개인이 사회적 참여를 통하여 지속적으로 구성과 재구성을 반복해 나간다고 본다.

-강인애, 『왜 구성주의인가?』

2015 개정 교육과정에서는 우리 학생들이 미래사회를 살아가는 데 필요한 '역량'을 강조합니다. 이는 삶 속에서의 문제들을 스스로 해결해나갈 수 있는 힘을 말합니다. 단순히 문제해결에 필요한 지식이나 기술만을 의미하는 것이 아닙니다. 어떤 주어진 상황이나 맥락 속에서 자신의 태도, 감정, 가치, 동기 등을 결합시켜 과제들을 해결해나갈 수 있는 능력을 말합니다.

경제협력개발기구(OECD)는 1997년부터 시작한 DeSeCo 프로젝트 (Definition and Selection of Key Competencies)를 통해 역량을 강조해왔습니

다. 본래 역량은 특정한 직업이나 기술과 관련하여 필요한 부분이라고 생각해왔으나 OECD가 핵심역량을 제시함으로써 역량이라는 개념이 우리의 삶과 더 연결이 되었습니다. 이와 더불어 학교교육에서도 역량은 더 큰 의미를 갖게 되었습니다. OECD가 강조한 핵심역량의 3가지 범주는 '도구를 상호교류적으로 활용하기', '이질적인 집단에서 상호작용하기', '자주적으로 행동하기'입니다.

첫째, '도구를 상호교류적으로 활용하기'에서 도구란 언어, 상징, 텍스트, 지식, 정보, 기술을 말합니다. 다시 말해 유창하게 말하며 읽고 쓸 수 있어야 하며 자신이 알고 있는 것과 모르는 것을 인지하여 적절하고 가치 있는 정보를 찾아 자신만의 지식으로 재구조화할 수 있어야 합니다. 다양한 기술을 자신만의 방법으로 활용할 수 있는 능력은 말할 것도 없지요. 변해가는 사회에 발맞추어 끊임없이 배워나가야 한다는 의미도 포함되어 있습니다.

둘째, '이질적인 집단에서 상호작용하기'에는 다른 사람과 관계를 맺고 협력하며 갈등을 관리하고 해결할 수 있는 능력이 포함됩니다. 이를 위해 타인에게 공감하고 자신을 돌아볼 줄 알며, 감정을 잘 조절할 수 있어야 합니다. 자신의 정보와 경험을 공유하고 타인의 의견에도 귀를 기울이며 합의점을 찾아 나가는 능력이 필요하지요. 갈등을 해결하기 위해서 문제를 다각도에서 바라보고, 목표한 바를 이루기 위해 필요한 것들을 찾아내어 실천할 수 있어야 하는 것입니다.

셋째, '자주적으로 행동하기'는 자신의 삶을 전체적으로 조망하여 삶에 대한 계획을 세우고 이를 이루기 위해 구체적으로 실천하는 능력을 포함합니다. 자신의 권리와 이익을 주장할 줄 알고 상황에 맞게 필요한 부분을 요구하고 대안을 찾아나갈 수 있어야 하는 것입니다.

또한 OECD에서는 DeSeCo 프로젝트에서 더 나아가 미래지향적인 역량중심 교육과정을 만들어가기 위해 소위 DeSeCo 2.0이라고 불리는 Education 2030 프로젝트를 실시하고 있습니다. 앞에서 제시한 핵심역량을 기반으로 하여 '새로운 가치 창출하기', '긴장과 딜레마 조정하기', '책임감 갖기'라는 3가지 범주의 변혁적 역량을 제시합니다. 이 3가지 역량을 보아서도 알 수 있듯이 우리 아이들은 지식과 정보 그 자체를 넘어 미래사회에서 창의적인 생각을 해내고, 다른 사람들과 상호공존하며, 책임감을 가지고 문제를 해결해나갈 수 있는 힘을 길러야 합니다.

이미 핀란드, 캐나다, 호주 등 교육 선진국에서는 역량의 중요성을 강조하며 역량을 기르는 교육과정을 운영해오고 있습니다. 우리나라도 2015 개정교육과정에서 학교 교육이 지식의 전달에만 그치는 것이 아니라 지식을 통합하고 융합함으로써 삶을 살아갈 수 힘을 기를 수 있도록 설계하였습니다. 자기관리 역량, 지식정보 처리 역량, 창의적 사고 역량, 심미적 감성 역량, 의사소통 역량, 공동체 역량의 6가지 핵심역량을 다음과 같이 제시하여 학생중심수업에서 그러한 역량이 길러질 수 있도록 방향을 제시하고 있습니다. 앞에서도 안내한 국가교육과정정보센터 홈페이지의 교육과정자료실에서 '초·중등학교 교육과정 총론'을 다운받을 수 있습니다. 그 자료를 참고하면 우리나라 교육과정의 방향을 자세히 들여다볼 수 있습니다.

가. 자아정체성과 자신감을 가지고 자신의 삶과 진로에 필요한 기초 능력과 자질을 갖추어 자기 주도적으로 살아갈 수 있는 자기관리 역량

나. 문제를 합리적으로 해결하기 위하여 다양한 영역의 지식과 정보를 처리하고 활용할 수 있는 지식정보처리 역량

다. 폭넓은 기초 지식을 바탕으로 다양한 전문 분야의 지식, 기술, 경험을 융합적으로 활용하여 새로운 것을 창출하는 창의적 사고 역량

라. 인간에 대한 공감적 이해와 문화적 감수성을 바탕으로 삶의 의미와 가치를 발견하고 향유하는 심미적 감성 역량

마. 다양한 상황에서 자신의 생각과 감정을 효과적으로 표현하고 다른 사람의 의견을 경청하며 존중하는 의사소통 역량

바. 지역·국가·세계 공동체의 구성원에게 요구되는 가치와 태도를 가지고 공동체 발전에 적극적으로 참여하는 공동체 역량

-교육부, 「초·중등 교육과정 총론」(2018-162호)

공부는 결코 책상에 조용히 앉아서 하는 것만을 의미하지는 않습니다. 주변을 둘러보세요. 지식을 자신 안에 내재한 어떤 일에 대한 동기나 열정과 연결하여 지혜롭게 삶에 대처하고 새로운 길을 개척해나가는 사람들이 행복하게 살아가는 모습을 찾아볼 수 있을 것입니다. 물론 입시제도라는 거대하고 높은 장벽에 부딪쳐 교육의 본질을 향해 나아가고자 하는 시도들이 무산되기도 하는 것이 현실입니다. 하지만 대한민국의 교육에 대해 고민하고 바람직한 방향으로의 변화를 위해 끊임없이 노력하는 많은 교육관계자가 있습니다. 그러한 노력을 바탕으로 앞으로의 대한민

국 교육은 4차 산업혁명 시대에 알맞은 창의성과 다양성을 추구하는 방향으로 계속 바뀌어나갈 것입니다. 우리 자녀가 공부하는 모습을 바라보는 엄마의 관점 또한 바뀌어야 할 것입니다.

1970년대 말부터 20여 년간 교육개혁에 심혈을 기울여 지금은 전 세계적인 교육혁신의 모델이 된 핀란드의 교육은 자녀를 키우는 부모라면 누구든 관심이 있으실 것입니다. 그들 또한 학교 교육에서 창의력의 중요성을 거듭 강조합니다.

학교에서 가치 있고 새로운 무언가를 창조하는 학생들의 능력이 더욱 중요해질 것이다. 일부 학생들만이 아니라 대부분의 학생들에게 그렇게 될 것이다. 창의력이란 가치 있고 독창적인 생각을 떠올리는 행위로 정의할 수 있다. 따라서 읽고 쓰는 능력만큼이나 창의력을 중요하게 다루어야 한다. 핀란드 학교는 전통적으로 위험을 각오하는 자세, 창의력, 혁신을 장려해왔다. 이러한 전통은 강화되어야 한다. 학생의 성적이나 학교의 성공을 평가할 때, 개별 학습에서도 집단행동에서도 창의적인 측면에 높은 가치를 두어야 한다.

-파시 살베리, 『핀란드의 끝없는 도전』

그런데 창의력은 결코 책상 위에서만 배우는 것이 아닙니다. 오히려 책상 밖에서 다양한 상황을 경험하고 여러 가지 문제에 부딪치며 문제를 해결해나가는 과정을 통해 길러지는 것입니다. 책상 위 배움이 함께 이루어지고 있다는 전제하에 말입니다. 그러므로 아이가 꼭 책과 씨름하고 있지 않더라도, 무언가에 스스로 관심을 가지고 몰입하여 그것을 정복하려고 노력하고 있다면, 그 어떤 교과 공부보다 더 의미 있는 삶의 공부라고 할 수 있습니다.

삶이 곧 배움이지요

학교에서 교생을 지도하면서 마음 깊이 무언가를 깨닫고 혼자 '정말 신기하다!'라고 생각했던 순간이 있었습니다. 3, 4학년 교생의 경우 보통 2주째 중반까지는 지도교사가 수업을 보여주고, 그 후에는 교생이 정해진 시간만큼 수업을 합니다. 교생이 수업할 때 지도교사는 뒤에서 수업을 참관하거나 협력교사의 역할을 하며 수업 후 함께 성찰할 내용에 대해 고민하지요. 그런데 교생이 수업하는 모습을 관찰하다 보면 정말 신기하리만큼 저와 똑같이 수업을 하고 있는 모습을 발견합니다. 수업 중간에 사용하는 멘트, 수업방식, 아이들을 순회지도하는 모습 속에 담긴 작은 부분까지도 저와 너무나 비슷해서 놀랐습니다. 어떤 교생을 만나든 정도의 차이는 있지만 거의 그랬던 것 같습니다. 제가 말로 무언가를 지도해주기에 앞서 이미 교생들은 수업 속 저의 모습을 보고 배운 것이지요.

여러분도 집에서 자녀들이 노는 모습이나 생활하는 모습을 보면서 깜짝 놀란 적이 있었을 것입니다. 엄마, 아빠의 모습이 아이들 안에 나타날 때 말입니다. 그게 좋은 모습이라면 상관없지만, 그렇지 않을 경우에는 아차 싶을 때도 있을 것입니다. 아이들은 부모의 말보다는 행동을 보고 배웁니다. 아이는 부모의 뒷모습을 보고 자란다는 말도 있지요. 엄마가 정리정돈을 잘하는 모습, 엄마가 책을 읽는 모습, 아빠가 엄마에게 사랑스러운 말로 이야기해주는 모습 등을 보며 아이들도 그대로 학습합니다. 부모가 혹여나 언어적 혹은 신체적 폭력으로 아이들에게 상처를 주게 된다면, 결국 그 상처는 다시 부모에게 슬픔으로 돌아오게 마련이지요.

학생들 스스로 길을 찾게 하는 가운데 그들을 길러내는 것이 곧 배움의 도(道)다. 배우기를 강요하지 않을 때 학생들은 스스로 배움의 길을 간다.

-파멜라 메츠, 『배움의 도』

삶 속에서 아이가 스스로 얻는 배움이 중요하기에 교사는 교실 속 배움이 삶과 연결되도록 노력합니다. 교과 내용이 실제 삶에서 유용한 배움이 될 수 있도록 수업을 준비하는 것이지요. 아직도 우리는 우리가 받아왔던 과거의 교육방식에 얽매어 학교에서의 교육이 미래의 생활을 위한 준비라고만 생각하기 쉽습니다. 그러나 아이들이 학교에서 활동하는 것은 그 자체가 배움의 과정입니다. 가정의 삶에서 확장된 공동체 안에서의 삶을 학교에서 경험해야 하는 것입니다.

삶을 경험하는 교실 속 배움도 중요하지만, 아이들에게 매일매일 피부처럼 와닿는 배움은 바로 가정에서의 삶이 주는 배움입니다. 부모와의 생활로 익히는 삶 속의 배움이지요. 대한항공 오너 가족의 갑질 관련 기사들을 보면서도 부모가 자녀에게 얼마나 큰 영향을 미치는지 느꼈을 것입니다. 부모의 언어, 부모와의 경험, 부모의 모범이 얼마나 큰 교육인지 늘 기억하고 아이들을 올바른 배움의 길로 이끌어줄 수 있도록 노력해야 할 것입니다.

하브루타 대화법 TIP

✽ 엄마의 모습에 대해 물어보세요.

엄마로서의 자신이 어떤 모습인지를 아이에게 물어보세요. 아이가 말하는 엄마에 대한 평가를 발판 삼아 더 좋은 엄마로 성장해나갈 수 있을 거예요.

– ○○야, 엄마는 어떤 엄마야?

– 엄마의 어떤 모습이 가장 좋아?

– 엄마가 밉거나 싫어질 때는 언제니?

– "엄마가 이러지 않았으면 좋겠다." 라고 생각해본 적이 있니?

02

가르침
살짝 내려놓기

가르쳐본 후에야, 배웠던 내용을 제대로 알 수 있다.
-피터 드러커(Peter F. Drucker)

 ## 가르침을 넘어
배움을 향해 가요

「꿈꾸지 않으면」이라는 노래가 있습니다. 충남 제천에 있는 '간디학교'라는 대안학교의 교가입니다. '배운다는 건 꿈을 꾸는 것'이라는 가사가 나옵니다. 저도 무언가를 배울 땐 마음이 살포시 들뜨고 설렙니다. 모르던 것을 배운다는 것 자체가 새로운 꿈으로 가는 작은 발걸음이지요. 바로 이어지는 노랫말은 '가르친다는 건 희망을 노래하는 것'입니다. 가르침은 그 자체로만 아이들 마음에 머무르는 것이 아니라는 의미입니다. 아이들에게 가르침이 주어질 때 그것은 바로 배움으로 연결되어 아이들이 꿈꾸게 되고, 이것이 곧 희망을 노래하는 것이라는 메시지를 담았겠지요.

학기 중엔 너무 정신이 없어 딸아이의 공부를 봐주지 못하다가 방학이 되어서야 아이의 공부를 봐주었는데 머릿속에 수많은 생각이 오갔습니다. '헉, 저 문제가 어려운가? 저렇게 끙끙댈 문제가 아닌 것 같은데…' 구구절절 설명해주고 싶은 마음이 굴뚝같이 솟아오릅니다. 고민하는 딸아이의 모습을 보고 있노라니 답답하고 짜증이 나기도 합니다. 그런 상황에서 꾹 참는 건 정말 어려운 일입니다. 그래도 학교에서 아이들과 함께 지내며 단련이 되어서인지 마음에서는 전쟁이 일어날지언정 꾹 참습니다. 엄마의 다그침으로 아이 마음이 다치면 모든 게 허사임을 경험을 통해 알고 있기 때문이지요. 첫째아이 때는 꾹 참는 게 잘 안 되었습니다. 엄마 공부에는 그만큼 수많은 시행착오와 노력이 필요합니다.

딸이 수학문제로 저에게 도움을 요청하면 정말 최소한의 실마리만 제공합니다. '가르침'은 궁극적으로 '배움'을 향해 나아가야 한다고 생각하기 때문이지요. 제가 문제에 대해 시원하게 설명해줄 수도 있습니다. 아이는 쉽게 이해하고 다음 문제로 넘어가겠지요.

그런데 이는 아이가 좀 더 배울 수 있는 기회를 제가 빼앗는 것입니다. 아이가 문제를 고민하고 생각하여 해결할 수 있는 기회를 주어야 합니다. 물론 아이 스스로 단서를 찾아나가기에 너무 난해해 보이는 내용은 자세히 설명해야겠지요. 중요한 것은 아이가 끙끙대더라도 스스로 그 문제의 해결방법을 찾고 그것을 통한 배움을 얻을 수 있도록 이끌어주려는 마음가짐입니다.

학창시절 수업시간에 선생님이 칠판에 문제를 풀어줄 때는 분명히 이해가 잘되었는데, 나중에 혼자 그 문제를 풀어보려고 하면 잘 안 되던 경험이 있을 것입니다. 칠판의 문제가 가르침 이상으로 나아가지 못한 것입니다. 만일 수업 후 바로 그 문제를 혼자 다시 풀어보든지 했다면 그 가르침이 바로 배움으로 연결되었을 것입니다.

저는 가르침이 중요하지 않다는 이야기를 하는 것이 아닙니다. 무언가를 배우고 익혀나갈 때에 먼저 배운 자의 안내와 설명은 크나큰 도움이 됩니다. 그러나 그 '가르침'만으로는 아이들 안에 '배움'의 과정이 일어날 수 없다는 것입니다. 가르침을 토대로 한 아이들 스스로의 배움과 익힘의 과정이 있을 때 진정한 공부가 이루어집니다.

가르칠 수 있는 기회를 주세요

수학 책을 펼치면 그날 학생들이 숙지해야 할 내용과 기본 원리가 설명되어 있습니다. 물론 그 원리가 나오기까지 고민해보아야 할 질문을 차근차근 해결해가는 과정이 교과서에 안내되어 있지요. 교실에서 학생들과 수학 교과서의 새로운 원리를 발견해가고 그것을 정리한 후에 저는 아이들이 다시 한 번 그 과정을 밟아 친구들에게 설명할 수 있는 기회를 주었습니다. 제가 설명한 그대로 설명해도 좋고, 자신의 말로 적절히 바꾸어 설명해도 좋습니다. 그렇게 다시 한 번 설명하는 과정을 통해 아이들은 그 원리를 다시금 체계화하고 자신만의 지식으로 만들어갑니다.

단순히 듣기만 하는 것보다 누군가에게 가르치는 것이 학습내용을 더 잘 기억하게 한다는 것은 많이 알고 있을 것입니다. 미국행동과학연구소(NTL: National Training Laboratories)에서 제시한 학습 피라미드(Learning Pyramid)를 보면, 수업을 듣기만 했을 때는 수업내용의 5%를 기억하지만, 직접 가르쳐보았을 때는 90%를 기억한다고 제시합니다. 국사나 세계사 선생님이 교과서 내용을 줄줄 외워 수업하는 것도 끊임없이 학생들에게 가르치기 작업을 해왔기 때문입니다.

학습자가 학습정보를 장기기억으로 보존하기 위해서는 자신이 가지고 있는 사전지식과 새로운 정보를 연결하여 자신만의 지식으로 저장하고 그것을 다시 꺼내어보는 작업이 필요합니다. 아이가 학습내용을 더 잘 기억하기를 원한다면 누군가를 가르쳐보도록 해주세요. 집에서 아이가 가르칠 수 있는 기회를 주는 방법은 매우 많습니다. 엄마가 마음만 먹으면 언제 어디서든 잠깐이라도 아이에게 그런 자리를 만들어줄 수 있습니다. 그 경험이 쌓일수록 아이의 발표 및 설명 능력은 자라게 됩니다. 아이가 어릴수록 효과적인데, 놀이처럼 '가르치기'를 하고 정성을 다해 경청해주면 아이는 더 즐거워합니다.

다음은 제가 콩이와 은이에게 '엄마를 가르칠 기회'를 주기 위해 사용한 표현들입니다. 때로 엄마는 배우로 하여금 신나게 연기하도록 이끌어주는 뛰어난 감독의 역할을 해야 합니다. 아이가 즐겁게 자기의 이야기를 펼쳐갈 수 있도록 자리를 마련해주어야 하지요. 아이들은 부모의 사랑과 격려를 먹고 자라나니까요.

- 학교 다녀온 후 - "오늘 배운 것 중 가장 기억에 남는 것 엄마에게도 가르쳐줄래? OO가 선생님하렴. 엄마가 학생할게."
- 친구들과 놀고 온 후 - "친구들이랑 재미있게 놀았니? OO가 어떤 놀이 했는지 궁금하다. 가장 재미있었던 놀이 엄마에게도 가르쳐줄래?"
- 아이가 책을 읽고 난 후 - "OO야, 엄마에게 책 이야기 좀 해줘. 너무 듣고 싶어."
- 아이가 게임을 할 때 - "이 게임이 그렇게 재미있어? 이건 어떻게 하는 거야?"
- 문제집을 풀거나 공부를 하고 난 후 틀렸던 문제에 대해 - "OO박사님이 어려운 문제 다시 한 번 설명해줄래? 그럼 다음에는 절대 잊어버리지 않을 거야."
- 아이가 체험학습 등을 다녀온 후 - "오늘 하루 어떤 일이 있었는지 뉴스 아나운서처럼 얘기해줄 수 있어? 엄마는 뉴스 보는 시청자 할게."

부모는 보통 아이들에게 무언가를 가르쳐주려고 합니다. 물론 지식과 지혜의 인풋이 중요합니다. 머릿속에 들어 있는 지식이 없다면 밖으로 인출할 수 있는 말도 만들어내기 힘들겠지요. 그러나 내가 아는 내용이라도 논리정연하게 풀어내려고 하면 마음대로 되지 않을 때가 많습니다. 그건 아웃풋 연습이 부족하기 때문이지요. 내가 알고 있는 것을 논리적으로 펼쳐내는 연습이 필요합니다. 특히 배우는 학생들에게는 그런 시간이 더욱 필요하지요.

말하기를 어려워하는 아이, 자신의 생각을 잘 표현하지 못하는 아이, 수줍음이 많은 아이에게는 그러한 기회가 더욱 필요합니다. 교실의 아이들을 보면 표현의 기회를 끊임없이 제공해주는 것이 아이들의 성장에 얼마나 큰 영향을 미치는지 알 수 있습니다. 전체 친구들 앞에서 발표하는 것, 모둠 안에서 의견을 나누는 것, 심지어는 짝과 이야기를 나눌 때도 어려워하는 친구들이 끊임없는 하브루타의 시간을 통해 스스럼없이 말을 할 수 있게 되는 모습을 보면서 참 신기하기도 했습니다. 물론 아이들마다 필요한 시간이 다 다릅니다. 어떤 아이는 1년이 지나도 아주 조금의 변화만 있지만, 어떤 아이는 학기 초와 학년 말의 모습이 완전히 달라지기도 합니다. 자기표현을 할 수 있는 기회가 아이들에게 성장의 끈이 되어준다는 것은 결코 부인할 수 없는 사실입니다. 그러니 가정에서도 매일 아이들에게 자신의 생각을 표현할 수 있는 시간을 선물해보세요.

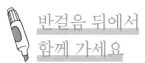

반걸음 뒤에서 함께 가세요

저는 어렸을 때 엄마, 아빠를 기쁘게 해드리기 위해서 두 분이 외출했을 때 동생들과 함께 집을 깨끗이 치워놓곤 했습니다. 깨끗이 치웠다고 칭찬해주면 그것이 얼마나 기뻤는지 모릅니다. 그런데 참 이상하지요.

방이 좀 지저분하다고 생각해서 빗자루를 들고 방을 치우려는 순간, 엄마가 "방 좀 치워라." 하면 왜 그렇게 빗자루를 놓고 싶어졌던지 모릅니다. 내 스스로 할 수 있는 '자율권'을 빼앗겼다고 느꼈던 모양입니다. 그때는 왜 그런지 몰랐지요. "엄마는 꼭 내가 하려고 하는데 저러시더라." 하고 투덜대기만 했지요. 자율성은 그 안에 '자신의 의지'를 내포하고 있습니다. 온전한 나의 의지로 하는 청소는 즐거운 마음으로 할 수 있습니다. 하지만 거기에 엄마의 강요가 더해지는 순간 청소를 하려는 나의 의지는 반감되고 마는 것입니다.

자녀가 무언가를 시도할 수 있도록 기회를 주기 위해 부모는 반걸음 뒤로 물러서야 합니다. 아이가 마냥 뒤따라오도록 한걸음, 아니 몇 걸음 앞서서 이끌고 가는 것이 능사가 아닙니다. 앞서 이끌고 가다가 아이가 스스로 서나갈 수 있을 때 살짝 뒤로 반걸음 빠져 응원하면서 길을 함께 가줄 필요가 있습니다. 그때 아이는 더욱 성장할 수 있습니다.

'교육하다'라는 단어인 'educate'의 어원에는 '밖으로 이끌어내다'라는 뜻이 담겨 있습니다. 교육이라는 것이 아이의 안에 무언가를 집어넣는 것이 아니라 아이에게 잠재되어 있는 가능성을 끄집어낸다는 것이지요. 엄마가 더 잘 알지만, 엄마가 더 잘 이끌 수 있지만, 반걸음 뒤에서 아이가 알고 있는 것을 바탕으로 스스로 나아갈 기회를 주는 것이 진정한 조력자로서의 엄마 모습일 것입니다.

인간은 본성상 모형대로 찍어내고 그것이 시키는 대로 따라 하는 기계가 아니다. 그보다는 생명을 불어넣어주는 내면의 힘에 따라 온 사방으로 스스로 자라고 발전하려 하는 나무와 같은 존재이다.

-존 스튜어트 밀, 『자유론』

아이에게 무엇이든 시도하고, 이끌고, 실패해볼 기회를 주십시오. 모든 것을 알려주는 것만이 가르치는 것이 아니라 고민하고 실패할 기회를 주는 것이 바로 가르치는 것입니다. 물론 부모가 한 발 앞서 길을 보여주어야 할 때도 있습니다. 그러나 자녀가 배우고 성장할 수 있는 기회를 주기 위해서는 반걸음 뒤에서 가르침을 내려놓고 바라봐주는 시간이 필요합니다.

이러한 사실들을 알면서도 제 아이가 좀 더 멋지게 자라나기를 바라는 마음에 강요한 적이 있습니다. 첫째아이가 미디어 관련 캠프에 참가 신청서를 제출하려고 글을 쓸 때 옆에서 문장마다 일일이 첨삭하려 한 것입니다. 신청메일을 쓸 때도 "이렇게 하면 어때?", "인사말은 이렇게 표현하는 게 좀 더 예의바르지 않을까?"라고 제안했습니다. 물론 참가를 권유하면서도 아이의 의견을 존중했고, 전적으로 아이가 쓰고 싶은 내용을 담았지만, 아이는 아무래도 엄마가 제안하는 글쓰기 표현방식이 썩 자기답지 않다고 느꼈나 봅니다. "엄마, 이렇게 말하는 것은 나 같지가 않아요. 나는 원래 이렇게 말하는 사람이 아니잖아요."라고 웃으며 말하더군요. 아이의 말을 듣자 아차 싶었습니다. 그러면 안 되는 것을 알면서도 또 다시 아이의 반걸음 뒤에서 따라가지 못했던 것이죠. 엄마에게 그렇게 말해주어 다시 한 번 엄마의 욕심에 대한 경각심을 일깨워준 아이에게 고마웠습니다. '이제 정말 많이 컸구나….'라는 생각도 들었지요.

늘 아이의 반걸음 뒤에서 지지하고 격려하며 따라가는 엄마가 되는 게 쉽지는 않습니다. 때로는 앞에서 아이를 배려하며 이끌어주는 순간도 절대적으로 필요하고요. 하지만 우리가 늘 기억해야 할 것은 결국 '강요'나 '강제'가 아닌 자기 스스로의 '선택'과 '자율'이 아이를 강하고 바르게 성장시킨다는 것입니다. 그 사실을 기억하고 자녀교육에 대한 큰 그림을 그리며 때로는 아이가 답답하고 미워질지라도 회복탄력성이 있는 용수철처럼 아이와의 관계를 돈독히 하며 나아가면 좋겠습니다.

하브루타 대화법 TIP

✽ 꼬마 선생님이 되어 달라고 하세요.

하루 종일 유치원이나 학교에서 생활하고 돌아온 아이에게 그날 새롭게 알게 된 내용이나 배운 것을 가르쳐달라고 하세요. 꼬마 선생님이 되어 달라고 하는 겁니다. 아이는 점점 설명에 익숙해지고, 자신을 잘 표현할 수 있게 됩니다.

– OO야, 엄마가 학생 할 테니까 꼬마선생님 해줄래?

– 오늘 새롭게 알게된 것을 엄마에게 가르쳐주세요.

03

책과 더
깊이 만나기

우리를 멀리 다른 세계로 데려다주는 데 있어
책과 같은 배는 없다.
-에밀리 디킨슨(Emily Elizabeth Dickinson)

 ## 내 아이는 책을
어떻게 읽고 있나요?

여러분 중에는 책을 좋아하는 사람도 있고, 그렇지 않은 사람도 있을 것입니다. 하지만 독서가 우리의 삶에 긍정적인 영향을 미친다는 데에는 모두 동의할 것입니다. 그렇다면 우리는 왜 책을 읽을까요? 우리는 왜 아이들에게 그토록 열심히 책 읽기를 요구할까요? 그렇게 읽은 책은 우리 삶에 어떤 영향을 미칠까요?

저는 책 읽기를 좋아하는 사람 중 한 명입니다. 하지만 절실히 공감하고 밑줄 그어가며 읽은 책에서 얻은 내용을 실제 생활에 적용하지 못한

채 머릿속에만 정리해둔 경우가 자주 있습니다. 책을 읽는 순간은 꼭 실천하겠다거나 적극적으로 고민하겠다고 생각한 내용인데도 말이지요. 그러다가 어느 순간 나의 삶에 다시금 영향을 미치기도 합니다. 책을 읽는 과정 자체가 의미 있는 시간이기도 하고요. 그러나 책을 읽고 난 직후에 그 내용을 내 삶에 적용하지 않으면 실천할 기회는 결코 많지 않습니다.

실천해야 할 내용이 아닌, 고민해보고 누군가와 생각을 나누어볼 만한 내용도 마찬가지입니다. 책을 읽으며 생겨난 의문들, 논의할 거리들을 스스로 고민해보거나 타인과 나눌 때 책을 통한 성장은 더 크게 일어납니다. 책을 읽으며 감동을 받고 그냥 책장 한편에 꽂아두는 것 이상의 의미가 있습니다.

『교육학의 유혹』이라는 책에서 조석훈 교수는 밀가루 반죽을 치대기함으로써 글루텐 단백질이 서로 엉커지도록 하는 것과 마찬가지 방식으로 우리가 가진 경험이 서로 엉켜지도록 관련시키는 것을 '치대기'라고 표현합니다. 밀가루 반죽은 치대기를 잘해야 쫄깃한 맛이 나듯이 새로운 지식과 현상을 만났을 때 스스로의 주도적인 치대기를 통해 엉킴이 생겨나고 그것이 자기 자신을 변화시킵니다. 배우기만 할 것이 아니라 그 내용에 대해 깊이 생각할 줄 알아야 하며, 이를 자신의 기존 경험과 서로 관련시키도록 노력해야 한다는 의미입니다. 그것이 바로 진정으로 책을 읽는 목적입니다.

책을 읽는 것은 사랑을 나누는 일이어야 함을 알게 되었습니다. 결혼하기 전 저는 작은 집에서 혼자 살면서 책을 읽고, 생각을 정리하고, 이것저것

뒤적이느라 새벽 늦게야 잠들곤 했습니다. 그때 가끔씩 어머니가 찾아오서서 "너무 열심히 하는 것 아니니? 좀 자야 할 텐데…." 하고 걱정을 하시곤 했었지요. 하지만 저는 그때 책과 연애를 하고 있던 중이었어요. 처음으로 독서가 얼마나 아름다운 일인지 경험할 수 있었습니다. 독서는 책의 내용을 있는 그대로 받아들이는 것이 아니라 독자가 그 텍스트를 다시 쓰는 일이니까요. 이는 창조적이며 동시에 미적인 활동이라고 할 수 있습니다.

-파울로 프레이리, 마일스 호튼, 『우리가 걸어가면 길이 됩니다』

자녀의 책 읽기에 관심이 있는 엄마라면 '슬로리딩'이라는 말을 들어보았을 것입니다. 『슬로리딩』의 저자 하시모토 다케시는 학생들과 국어 시간에 교과서가 아닌 『은수저』라는 작품을 함께 읽으며 아이들이 국어를 즐길 수 있도록 수업을 진행해나갔습니다. 소설이 주는 재미를 느끼고 그 안에서 끄집어낼 수 있는 다양한 활동을 하며 샛길로 빠지기도 합니다. 책과 연결된 다양한 활동 속에서 책 속 인물이 삶을 살아가는 방식을 느끼고 책을 깊이 있게 만나는 경험을 학생들에게 선사한 것입니다. 그 안에 나오는 어려운 단어나 구절도 차근차근 살펴보았지요. 그런 시간을 보낸 학생들은 "도쿄대 입시 문제쯤은 식은 죽 먹기다."라고 말할 수 있는 여유를 갖게 되었습니다. 그의 책 읽기는 책을 읽으며 행할 수 있는 수많은 사고와 실천의 영역까지 포함하는 것입니다.

책 읽기와 관련한 학교 수업도 끊임없이 변화하고 있습니다. 국어 수업에서도 교과서를 초월하여 교사 스스로 전문성을 갖고 문학작품을 중심으로 재구성한 수업이 활발하게 이루어지고 있습니다. 교사들이 학습

공동체를 형성하여 학생들에게 의미 있을 책을 함께 연구하고, 학생들의 삶의 힘이 자라는 수업을 위해 끊임없이 노력하고 있지요. 독서가 독서에서 끝나는 것이 아니라 삶을 살아가는 힘을 기를 수 있는 발판이 될 수 있도록 가정에서도 노력이 필요한 때입니다.

 책과 세상을
연결해주세요

아이가 잠들기 전 머리맡에서 책을 읽어주는 것은 '책 읽어주기' 이상의 의미를 지닙니다. 잠 안 자고 밤늦게까지 책을 읽어달라는 아이의 말에 은근히 기분이 좋기도 합니다. 몸은 힘들어도 말이죠. 아마도 책을 좋아하는 아이의 모습이 반가워 '우리 아이가 영재인가 보다.' 하며 밤새 책을 읽어준 경험도 있을 것입니다. 사실 저도 아이와의 상호작용보다는 책을 몇 권이나 읽어주었는지에 집착했던 시간이 있었습니다. 아이가 얼마나 많은 책을 읽었는지 책 권수를 세며 마냥 뿌듯해했지요. 그런데 우리가 잊지 말아야 할 것이 있습니다. 엄마가 책을 읽어주는 것이 중요한 이유는 책 그 자체보다는 책 읽기를 통한 아이와의 대화에 있습니다. 그 책을 매개로 하여 아이와 소통하는 것이 책 읽어주기의 묘미입니다.

책 읽기를 좋아해 다른 아이들과 노는 것도 거부하고 자신만의 세계에 빠져 있는 아이들이 종종 있습니다. 똑같이 독서를 좋아해도 어떤 아이는 독서 외에 친구들과 다른 활동을 하는 것에도 관심이 많지만, 어떤 아이는 쉬는 시간에도 오직 독서만 할 뿐 다른 친구들과 하는 활동에 전혀 관심이 없습니다. 책 읽기는 결국 세상과 자신을 연결하기 위한 것입니다. 책을 통해 타인, 사회와 더 의미 있고 깊은 관계를 맺지 못한다면 책은 단지 글자가 씌어 있는 종이에 불과합니다.

브라질의 교육학자 파울로 프레이리(Paulo Freire)는 글 읽기와 세계 읽기를 연결 지어야 한다고 말합니다. 글은 읽을 수 있지만 세계를 읽지 못한다면 그것은 '반(半)문해'의 상태라고 표현합니다. 글을 통해 세상을 바라보지 못한다면 진정으로 문자를 해득하고 글을 읽을 수 있는 것이 아니라는 말이지요.

책은 글이 담고 있는 내용 이상의 깨달음을 우리에게 줄 수 있습니다. 우리는 각자가 지닌 배경지식, 생각, 가치관 등과 연결지어 책을 읽어나 갑니다. 책의 본문이 담고 있는 내용은 각각의 독자에게 서로 다른 의미로 다가오게 됩니다. 독자가 지닌 경험과 생각에 따라 서로 다른 양상과 범위로 펼쳐지는 것이지요. 그것을 가지고 다른 독자와 하브루타를 할 때 책의 내용은 다시 한 번 변신하여 우리의 머리에 들어오게 됩니다.

우리가 책을 읽다가 밑줄을 긋고, 느낀 점을 여백에 적고, 떠오른 질문을 적어놓는 것은 바로 그 글을 통해 나와 세상을 연결하기 위해서입니다. 책은 책 그 자체로서가 지닌 의미도 있지만, 그것을 통해 나와 다른 사람, 나와 사회를 연결하기에 더 큰 의미가 있는 것입니다. 그러한 연결의 기반이 되는 소중한 습관을 형성해주는 것이 바로 부모의 역할입니다. 책을 넘어서서 아이와 함께 그것을 통해 이야기를 나눌 수 있는 것 자체가 아이에게는 세상과 글을 연결하는 연습인 것입니다.

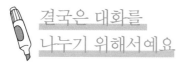

결국은 대화를 나누기 위해서예요

2학년 아이들과 『틀려도 괜찮아』라는 그림책을 읽으며 함께 질문하고 대화를 나누어본 수업을 소개합니다. 아이들이 만든 질문을 전부 다루고 그 답변을 생각해보지는 못한다 하더라도, 아이들이 많은 질문을 던져보는 것 자체가 생각을 꿈틀거리게 하는 원동력이 됩니다. 이 책을 통해 생겨나는 질문들을 통해 아이들과 이야기를 나누다 보면 생각지도 못한 삶에 관한 의미 있는 대화를 나눌 수 있게 됩니다.

저는 이 책을 읽어줄 때 먼저 제 경험담을 꺼내며 대화를 시작했습니다. 초등학생 때 친구들 앞에서 발표할 기회가 있었는데 너무 부끄러워서 고개를 푹 숙이고 말했던 경험을 들려주었습니다. 그때 제가 느꼈던 기분이 어땠을지 물어보고, 비슷한 경험이 있으면 나누어보자고 하며 책 읽기를 시작했지요. 그런 다음에 흐름대로 이어진 수업 속에서 아이들과 제가 던진 질문은 참 많습니다. 질문들을 한 번 떠올려볼까요?

-왜 틀렸을 때 부끄러워하나요?

-틀리는 것은 왜 부끄러운 일이 아닐까요?

-사람들은 누구든지 틀릴까요?

-내가 틀리게 말하면 다른 사람들은 어떻게 생각할까요?

-안 틀리는 사람도 있을까요?

-구름 위의 신령님도 정말 틀릴 때가 있을까요?

줄거리

교실이라는 공간은 꼭 정답을 말해야 하는 곳이 아니라 자신 있게 틀린 답을 말하면서 더욱 성장해나가는 곳임을 알려주는 책입니다. 마치 옆에 있는 초등학생에게 다정하게 말을 건네듯이 이야기를 해줍니다.

수업 흐름

- 친구들 앞에서 발표하기가 힘들었던 경험 떠올리기

(선생님의 경험을 먼저 제시)

- 책 읽어주기

- 책을 읽어주며 중간에 생각을 묻는 질문 던지기

- 자신의 마음속에 생겨난 질문들을 돌아가며 말해보기

- 등장인물의 입장이 되어 자신의 마음을 나누어보기

-발표할 때 왜 부끄러울까요?

-친구가 틀린 답을 말할 때 어떤 생각이 드나요?

-틀린 답을 말했을 때 기분이 어땠나요?

-자기 생각을 잘 말할 수 있나요?

-여러분도 틀린 적이 많이 있나요?

-어떻게 하면 부끄러워하지 않고 말할 수 있을까요?

많은 질문을 던졌습니다. 수업시간 동안 한 명 한 명이 이 모든 질문에 답할 수 있는 기회를 가지진 못했더라도, 이러한 질문들에 대해 나름 생각할 수 있는 시간을 가졌습니다. 그러한 생각들을 짝이나 모둠 친구들과 나누기도 했습니다. 질문에 대해 생각하고 대화 나누기, 표지그림을 보고 내용을 상상하여 대화 나누기, 등장인물의 마음을 공감하면서 그 마음이 어떨지 이야기 나누어보기 등 수업 속에서 아이들은 끊임없이 다른 친구들과 대화를 나누었습니다.

아이들은 친구들과 책을 매개로 대화하면서 자신도 모르게 성장합니다. 자신의 생각을 표현하는 능력, 상대방의 이야기를 경청하는 법, 공감해주는 법, 의견을 함께 모으는 법 등 대화 속에서 조금씩 자라나게 됩니다. 탈무드를 학습하는 유대인도 혼자서 공부하는 것이 아닌 대화와 경청, 질문과 토론을 통해 깨닫는 진리의 중요성을 매우 강조합니다. 엘리 홀저(Eli Holzer)와 오릿 켄트(Orit Kent)는 『하브루타란 무엇인가』에서 탈무드 세계의 학습은 대인 관계를 통해 일어난다고 말합니다. 관계 속에서 목소리와 의견이 다양하게 표현되고, 본문을 해석하는 데 분석과 재해석이 일어난다는 것입니다.

결국 우리는 '책을 읽는 것' 그 자체가 목적이 아니라 누군가와 자신의 생각을 나누며 대화를 나누고 소통하는 것에 궁극적 의미를 두어야 합니다. 물론 내가 책을 통해 깨닫고 스스로 성장하는 것도 매우 가치 있는 일이지요. 그런데 그것을 넘어서 책에서 알고 느낀 것을 바탕으로 다른 누군가와 생각을 공유하는 것, 내가 깨달은 것을 실천함으로써 다른 누군가에게 도움을 주는 것이 책 읽기를 통해 우리가 나아가고자 하는 방향일 것입니다.

아이들이 읽은 수십 권의 책을 쌓아두고 그 많은 권수에서 기쁨을 느끼는 것을 넘어서야 합니다. 독서를 바탕으로 내 안에 수많은 이야깃거리와 생각거리가 생겨나고, 타인과 이야기를 나누는 즐거움을 누리는 것이야말로 진정한 독서의 의미인 것입니다. 그렇기 때문에 텍스트를 읽고 그 안에 담긴 의미를 파악하며 스스로의 질문을 끄집어내어 이를 대화로 확장시켜 나가는 하브루타는 참 독서를 할 수 있도록 만들어줍니다.

하브루타 대화법 TIP

❋ 책을 읽어주며, 읽고 난 후 아이의 생각을 물어보세요.

(단, 아이가 질문 스트레스를 받지 않을 정도로요.)

책을 읽어주다가 잠시 정지하여 다음엔 어떤 이야기가 나올지 물을 수도 있고, 책을 다 읽고 난 후 아이의 느낌과 자신이 등장인물이었다면 어떻게 할지 등을 물어도 좋습니다.

- 와! 다음엔 어떤 일이 벌어질까?

- ○○가 ○○였다면 어떻게 했을 것 같아?

- 이 이야기를 읽고 나니 어떤 생각이 들어?

04

질문으로
성장하기

일반적으로 사람은 타인의 머릿속에서 생겨난 이유보다
자신이 발견한 이유에 의해 더 잘 납득한다.
-블레즈 파스칼(Blaise Pascal)

질문하고
있나요?

교실 속 아이들은 참으로 궁금한 것이 많습니다. 1, 2학년 아이들은 더욱 그렇습니다. 아주 소소한 일까지 선생님에게 묻고 자신의 이야기를 합니다. 아이들이 학기 초에 하는 대표적인 질문은 "선생님, 몇 살이에요?", "선생님, 결혼했어요?"와 같은 질문입니다. 결혼했냐고 물어보는 질문은 어쩌면 선생님의 외모나 겉모습과 상관이 없기도 합니다. 예전에 머리가 희끗희끗한 선배 선생님이 1학년 아이가 "선생님, 진짜 결혼했어요?" 하면서 놀라는 모습이 너무 귀여웠다고 웃으며 해준 말이 기억납니다. 아이들의 소소한 질문은 아이들과 저를 연결시켜줍니다. 제가 아이들에게 던지는 "오늘 아침에 뭐 먹었어?" 같은 질문도 아이들과 저를 연결시켜줍니다. 매일매일 교사와 아이들은 서로 주고받는 질문에 답하며 조금씩 가까워집니다.

그러한 질문이 철학적 깊이도 없고 수준이 높지도 않은 질문이라 할지라도 질문 자체는 다른 누군가와의 연결고리가 됩니다. 내가 누군가를 처음 만나고, 지속적으로 좋은 관계를 유지해가려면 그 사람에 대해 알아가는 것이 도움이 됩니다. 그 과정에는 아주 사소한 일상을 묻는 질문부터 그 사람의 가치관, 철학 등을 알 수 있는 질문까지 오가게 됩니다.

학창시절에 미팅했던 기억을 한 번 떠올려볼까요? 상대를 만나 취미나 좋아하는 영화 등을 묻게 됩니다. 요즘은 시대가 많이 변했으니 젊은 이들이 미팅을 어떻게 하는지 자세히는 모르겠습니다. 여하튼 우리 때는 그랬습니다. 그렇게 뻔한 질문을 하면서 조금씩 서로를 알게 됩니다. 처음 만나는 순간 어색했던 기운도 서로 질문을 던지고 생각을 나누면서 조금씩 사라져갑니다. 질문이 없다면 상대방에 대해 알아갈 수도 없겠지요.

이처럼 질문이란 상대방과의 대화에서 매우 중요한 역할을 합니다. 별로 친하지 않은 누군가와 둘이서 함께 어딘가를 가야 할 때 그 어색함이 싫어 괜히 이런저런 말을 늘어놓기도 합니다. 그런 말을 생각해내는 게 힘들 때도 있죠. 그런데 그러한 노력을 '질문하려는 노력'으로 살짝 바꾸어보면 그 순간이 덜 어색하고 상대방 또한 자연스럽게 대화에 동참할 수 있게 됩니다.

바로 이 질문이 하브루타를 할 수 있는 마중물이 됩니다. 어릴 때부터 하브루타 문화에 익숙한 유대인과 달리 우리는 질문, 대화, 토론, 논쟁을 위해 질문하는 것을 별도로 연습해야 할 만큼 질문에 익숙하지 않습니다. 하브루타를 처음 만나면 대화, 토론, 논쟁으로 나아가기 위한 기본으로 질문 만들기를 접하게 되지요. 질문을 떠올리는 것이 습관화되었다면 질문 만들기에 그토록 집착할 필요는 없습니다. 결국은 토론, 논쟁을 위한 것이니까요.

그러면 가정에서 함께하는 내 아이들을 한 번 생각해볼까요? 나의 자녀들은 매일매일 만나기 때문에 자녀에게 '질문하기'를 할 필요성을 못 느낄 수도 있습니다. 설사 그 필요성을 알고 있다 해도 시도하기는 쉽지 않을 것입니다. 제가 하브루타를 열심히 실천할 때는 하루라도 자녀에게 수십 마디의 질문을 건네지 않으면 왠지 제 할 일을 다 못한 것 같은 느낌이 들 때도 있었습니다. 그러나 어느덧 하브루타를 마음에 품고 사는 삶이 일상이 되어가다 보니 어느 순간엔 그 열정이 희미해진 모습을 발견합니다. 늘 교실 속에서 아이들과 하브루타를 꾸준히 실천하는 삶을 이어왔지만, 우리 반 아이들에게 신경 쓰다 보니 자녀에게는 정성을 덜 기울이게 되었던 것 같습니다.

내가 다른 누군가와의 좋은 관계를 위해 대화하려 노력하는 것처럼 자녀의 생활에 궁금해하고 매일 질문하려고 애쓰는 것이 자녀와의 관계에 도움이 됩니다. 어떤 지식적인 내용만이 아니라 아이의 삶과 마음을 묻는 시간이 필요합니다. 자녀는 내 옆에 당연히 존재하는 것이 아닙니다. 아이와 더욱 가까운 관계, 친밀한 관계를 유지해나가기 위해 부모는 노력해야 합니다. 아이의 마음을 어루만져줄 수 있는 대화로 이끄는 질문을 끊임없이 고민해야 합니다. 아이가 앞으로의 세상을 단단한 마음으로 행복하게 살아가기 위해서는 부모의 관심과 사랑이 큰 힘이 됩니다.

질문의 중요성을 몸소 느낀 후 콩이와 은이와 함께 질문을 만들고 대화하는 시간을 많이 가졌습니다. 질문활동지도 만들고 때로는 방학 때 매일 책을 읽거나 생활 속에서 생겨난 질문을 적어보는 형태로 워크시트를 만들어 제공하기도 했습니다. 이런저런 다양한 노력이 켜켜이 쌓이다 보니 언제부턴가 둘째아이는 친구와 놀이를 하면서도 질문을 만들었습니다. 질문을 생활화한다는 것은 자신의 주변, 삶에 대해서 끊임없이 성찰의 시간을 갖는 것을 의미합니다. 자연스레 성장의 과정을 거칠 수밖에 없는 것이지요.

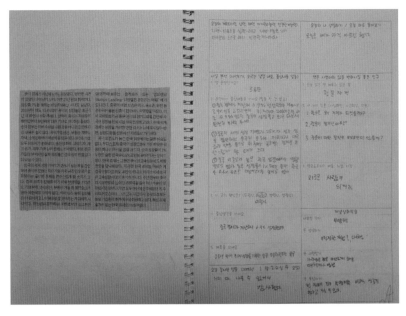

방학 때 기록하곤 했던 콩이의 하루 노트

왜 질문을 할까요?

　교사에게도 질문은 큰 의미가 있습니다. 교사는 수업 중에 학생들에게 끊임없이 질문을 던집니다. 정말 의미 있는 수업이 이루어지려면 학생들에게 어떤 질문을 던져야 하는지를 수업 전, 수업 중에 계속 고민해야 합니다. 쉬는 시간에 종종 던지는 "○○는 어떤 놀이 좋아해?" 같은 일상적 질문을 넘어서는 질문을 던져야 합니다. 아이들의 생각을 일깨워줄 만한 질문을 생각해내기 위해서는 교사가 나름의 노력을 해야 하지요. 어떻게 하면 학생들이 스스로 생각하여 답할 수 있는 질문을 던질 수 있을지를 연구합니다. 교사로서, 엄마로서 저 또한 늘 아이들이 자신의 생각을 꺼내어놓을 수 있는 질문을 건네려고 노력했습니다.

　질문도 연습이 필요합니다. 어느 순간 질문을 잘하게 되는 것이 아니니까요. 어떤 상황에 대해 질문을 던질 때 그것은 나의 일이 됩니다. 우리의 학창시절에는 질문 없는 공부를 했습니다. 수업시간에 배우는 내용들에 대한 어떤 의문이나 질문 없이도 그냥 선생님이 알려주는 지식을 저금통에 동전 채우듯이 그냥 머릿속에 꾹꾹 채워넣었습니다. 적어도 저는 그랬습니다. 선생님이 질문을 요구하지도 않았고, 어떻게 질문하는지 배우지도 못했습니다.

　이제는 절대 그렇게 공부하면 안 되는 시대입니다. 자신이 듣고 배우는 모든 것에 대해서 의문을 품고 고민해야 하는 시대입니다. 질문을 통해 진짜 정보를 식별해낼 수 있는 능력도 길러야 합니다. 내게 주어지는 단편적인 지식 그 자체로만으로는 우리 앞에 펼쳐지는 수많은 문제를 결코 해결할 수 없습니다. 학교현장에서 프로젝트 학습이 중요시되고, '융합', '통섭' 등의 단어가 의미를 갖게 된 이유도 바로 그 때문입니다. 지금까지는 하나의 교과에 들어 있는 지식 하나하나에만 의미를 부여하고, 그것 자체만을 평가하는 방식으로 교육이 이루어져 왔습니다. 그러나 과연 그러한 교육방식이 우리의 삶에, 우리 아이들의 삶에 어떤 의미를 지녀왔을까요? 바뀌어가는 교육의 방향 속에서 혼자 뒤처지지 않고 오히려 앞서 누군가에게 도움이 되는 삶을 살아가기 위해서는 질문하는 능력이 필요합니다.

고학년 아이들과 하브루타 수업을 하면서 학생들이 스스로 질문을 만들어가며 생각의 깊이를 더해간다는 것을 느꼈습니다. 비단 고학년 학생뿐만 아니라 저학년 학생에게도 질문 만들어보기는 생각이 자라나게 하는 데 큰 도움이 됩니다. 시간을 두고 기다리며 아이들이 질문을 만들어보도록 하면 어느새 질문하는 습관이 아이들의 몸에 밸 것입니다.

어떻게 질문할까요?

질문 만드는 것을 연습하다 보면 어느새 우리의 뇌가 일상생활에서 질문을 던지는 것에 익숙해집니다. 아이에게도 질문을 던지다 보면 생각이 저절로 자라난다고 이야기해주면 좋습니다. 하브루타를 시도하려는 엄마뿐만 아니라 아이 또한 질문에 익숙해지고 질문을 던질 수 있어야 합니다. 아이들은 신기하게도 질문이 많이 오가는 환경이 만들어지면 자신도 모르게 질문을 잘 던질 수 있게 됩니다. 그러니 엄마는 아이와 함께 있을 때 일상, 주변 사물, 주위의 환경, 상황 등과 관련한 질문을 의식적으로 생각해내려는 노력을 해야 합니다. 질문을 통해 아이와 대화하고 아이 또한 그 질문에 꼬리를 물어 엄마에게 질문을 던질 수 있으니까요.

아이의 질문 깊이를 더 확장시켜주고 더 구체적으로 질문을 위한 노력을 기울이고 싶다면 '질문 만들기'를 전략적으로 연습할 수도 있습니다. 대한민국의 하브루타 교육에서 종이 위에 직접 질문을 만드는 것은 하브루타 교육뿐만 아니라 공교육의 일상 수업에서도 아이들의 생각 확장에 큰 의미를 주는 과정이기도 합니다. 저 또한 가정에서뿐만 아니라 우리 반 교실에서도 아이들에게 질문 만들기를 지도해왔습니다.

꼭 읽기 자료가 아니라도 좋습니다. 신문이나 책을 읽고 그 내용과 관련하여 질문을 만들 수 있습니다. 유튜브 영상을 보거나 영화 관람, 체험 학습 후에도 그와 관련하여 질문을 만들어볼 수 있습니다. 그냥 무작정 떠오르는 질문을 말해보거나 적어보자고 할 수도 있지만, 방법을 제시해주거나 예시 질문을 보여주면 아이들은 훨씬 더 생각을 잘해낼 수 있습니다.

둘째아이가 2학년 때 제주도의 정방폭포 아래에서 혼자 중얼대던 질문들이 떠오릅니다. 이중섭 미술관을 관람하고 내려오는 길에도 계속 질문을 던지던 기억이 납니다. 너무 귀엽고 신기해서 그 질문들을 일기장에 담아놓았습니다. 그러한 질문을 통해 둘째아이는 파도와 이중섭 화가에 대해 알아보고 싶은 마음이 더 깊어졌지요.

  -파도는 왜 생길까?
  -파도는 왜 잠잠하지 않을까?
  -이중섭을 왜 천재화가라고 할까?
  -이중섭은 왜 제주도로 왔을까?
  -이중섭은 왜 그림 속에 아이를 많이 그렸을까?
  -이중섭의 자녀분들은 어디에 살아계실까?

　무엇보다 중요한 것은 엄마가 질문에 익숙해져야 한다는 것입니다. 엄마도 책을 읽거나 주변 사물, 현상을 관찰하면서 스스로 질문하는 습관을 들여야 합니다. 처음에는 무조건 질문을 많이 던져보는 습관부터 기르면 됩니다. 질문에 익숙해지면 본능적으로 아이를 깊이 있는 생각으로 이끄는 질문을 던지고 싶은 생각이 듭니다. 좀 더 확장된 사고를 필요로 하고, 그 질문을 통해 생각에 생각을 더해갈 수 있는 질문을 해 가는 엄마가 되기 위해 노력하고 싶은 생각이 듭니다. 교실에서 활용하는 용어를 빌자면 '핵심질문'을 통해 자신의 삶에 대해 생각할 줄 아는 자녀로 키워나갈 수 있는 엄마가 되는 것입니다.
　공부에 대한 확인을 위해 아이가 배운 것, 알게 된 것만을 묻는 질문이 아닌 앞으로 어떻게 살아나가야 할지를 스스로 고민할 수 있는 아이로 이끌어갈 수 있도록 '뿌리 깊은 질문'을 할 수 있는 엄마가 되면 좋겠습니다. 그러기 위해서 엄마 스스로 자신과 자신의 삶에 대해 '내가 원하는 삶은 어떤 모습인가?', '나는 내 모습 그대로를 사랑하고 잘 가꾸어나 가고 있는가?', '나는 어떤 엄마가 되고 싶은가?', '나는 앞으로 어떻게 살 아갈 것인가?' 등 본질적으로 자기 자신을 이해하기 위한 질문을 던져볼 필요가 있습니다. 아이와 함께할 수 있는 질문을 만드는 구체적인 방법 및 전략에 대해서는 다음 장에서 좀 더 자세하게 다루어보겠습니다.

하브루타 대화법 TIP

✽ 어떤 활동을 한 후 아이에게 '배움·느낌·다짐'을 물어보아요.

책 읽기, 영화 보기, 여행가기, 동영상 보기, 친구랑 놀기, 외식하기 등 어떤 활동이라도 좋습니다. 그러한 활동 후에 아이에게 어떤 배움·느낌·다짐이 있었는지 물어봅니다. 제가 수업을 마무리할 때 늘 묻고 있는 것이기도 합니다. 아이들이 경험에 대한 생각을 정리하는 데 큰 도움이 됩니다.

- ∞를 하고 나니 어떤 것을 배우게 되었니?
- ∞를 보고 나니 어떤 느낌이 들어?
- 너의 배움·느낌·다짐(배느다)를 얘기해줄래?

4장

하브루타로
생각 나누기

질문 만들기

인간은 행동의 동기를
자신의 내부에서 찾아내지 않으면 안 된다.
－헨리 데이비드 소로(Henry David Thoreau)

 나만의 질문 노트를
만들어요

말로 자신의 생각을 표현하는 능력에 더해 그것을 논리정연하게 글로 정리하는 능력은 우리의 삶을 더 풍성하게 해줍니다. 말로 질문을 던지는 것도 아이들의 사고능력 확장에 큰 의미가 있지만, 자신의 머릿속에 떠오른 질문을 직접 적어보는 것은 질문의 깊이를 더해줄 수 있습니다. 아이들은 점점 풍성해지는 자신의 질문을 보며 성취감을 느낍니다. 엄마는 아이의 생각이 어떻게 성장해가는지 눈으로 확인할 수 있어 좋습니다.

이번 장에서는 하브루타에서 매우 큰 의미를 지닌 질문을 아이들과 함께 만들어보는 방법에 대해 이야기하겠습니다. 만일 하브루타를 하나의 공부 방법으로만 생각하여 실천 과정 중에 아이에게 스트레스를 주게 된다면 차라리 시작하지 않는 것이 나을지도 모르겠습니다. 아이와 단순히 질문하고 답하는 것을 넘어서 자녀가 깊이 있게 질문하는 습관을 가질 수 있도록 돕기를 바랍니다. 그 과정에서 아이에게 강요나 독촉하지 않아야겠다는 굳은 결심으로 꾸준히 진행한다면 어느 정도의 시간이 지난 뒤에는 질문 습관이 아이의 몸에 밸 것입니다.

일단 자유롭게 나만의 질문 노트를 하나 정해서 질문을 만들어보면 좋습니다. 저는 하브루타를 적용하여 수업을 지도하게 된 이후 매년 우리 반 아이들과 질문 노트를 만들었습니다. 질문 만들기를 처음 지도할 때에는 책을 읽어주거나 읽기 자료를 읽고 생각나는 질문을 우선 질문 노트에 쭉 적어보게 합니다. 3~6학년은 줄 공책을 사용하면 되고 1~2학년은 알림장을 사용하면 좋습니다. 1학년은 1학기 때는 말로만 하고 2학기가 되어서야 쓰기를 지도했습니다. 가정에서 엄마와 함께할 때는 1학년이어도 충분히 가능하고 아이가 관심을 보이면 취학 전이라도 엄마가 함께 써주며 해볼 수 있습니다.

생각나는 대로 적어보게 하면 질문을 쓱쓱 써내려가는 아이도 있고, 질문 하나를 생각하는 데 시간이 오래 걸리는 아이도 있습니다. 아이들이 지닌 생각의 깊이와 수준이 다 다르기 때문이니 괜찮습니다. 생각나는 만큼 자유롭게 써보라고 해도 좋고, "오늘은 몇 개 이상 만들어보자."라고 제안해도 좋습니다. 생각이 잘 안 나더라도 계속 생각해보도록 이끄는 게 중요합니다. 조심스럽게 "오늘은 한쪽 면을 다 채워보는 미션이

질문 노트

야."라고 안내해주면 어떻게든 생각해내려고 애씁니다.

집에서 엄마와 함께할 때 유의할 점은 질문을 아주 잘 만들거나 많이 만들라고 다그치지 않는 것입니다. 물론 아이들이 처음에는 질문 만들기를 굉장히 재미있어합니다. 제가 집에서 아이들과 하브루타를 하려고 질문을 처음 만들어보았을 때 둘째아이는 마치 놀이처럼 받아들였습니다. 그렇지만 무엇이든 반복하다 보면 지겨워집니다. 그럴 때는 왜 그것을 하는지에 대한 설명을 꾸준히 해주고 이런저런 다양한 방법으로 변주하면 좋습니다.

제가 우리 반 학생들과 질문 만들기를 할 때에는 "오늘은 질문 많이 만들어내는 질문왕을 뽑아보자!"라고 제안하기도 했습니다. 말을 바꾸어가며 멋진 질문왕, 지혜 질문왕 등을 뽑자고 하는 등 끊임없이 학생들을 위해 다양한 질문 만들기 방법을 생각했습니다. 집에서 아이와 함께할 때도 "오늘은 멋진 질문 만들기 하자!", "오늘은 무조건 많이 만들기 하자!", "오늘은 짧은 질문 만들기 하자!"라는 식으로 제안했습니다.

아이가 지겨워하면 질문 만들기를 쉬는 것도 좋습니다. 조금씩 쉬어가면서 꾸준히 하다 보면 질문에 훨씬 익숙해짐으로써 질문 만들기가 주는 의미와 재미를 다시 한 번 느끼게 됩니다. 운동이나 악기와 같은 예술 활동의 기량을 갈고닦을 때도 일정량 연습을 하다 보면 어느 지점에서는 흥미도 떨어지고 발전도 느껴지지 않아 정체되어 있는 것 같은 고원(Plateau) 현상이 나타납니다. 학습이 일정한 수준에 도달하여 반응변화에 별 진전이 없는 시기가 오는데, 일정한 시간이 지나게 되면 다시 학습의 진전이 이루어지게 됩니다.

아이들과 질문 만들기를 할 때도 마찬가지입니다. 처음에는 자신이 질문을 생각해내는 것 자체가 너무 재미있기에 신나게 만들다가 그것이 계속 반복되면 어느 순간 흥미를 잃어버리고 지겨워합니다. 질문이 지겨워지도록 너무 강조하는 것도 안 되지만 때로는 그런 순간을 지혜롭게 넘어서야 할 필요도 있습니다. 그 시간들을 잘 격려하고 토닥이며 우리 삶에서 왜 질문이 중요한지를 이야기해주면서 꾸준히 함께하다 보면 아이들이 질문과 어느새 친해져 있을 것입니다. 사람은 자신이 익숙해지고 잘하게 되면 그것을 좋아하게 됩니다. 그때는 질문이 아이의 삶이 되는 것입니다.

저의 경우 우리 집 아이들에게는 교실의 아이들을 지도하는 것만큼 체계적으로 지도할 수 있는 시간이 턱없이 부족했습니다. 아이들이 어렸을 때에는 하브루타를 할 때 시간을 자주 내어 정기적으로 실천했지만 이제는 그냥 제가 시간이 날 때, 마음이 동할 때 벼락치기처럼 합니다. 그래도 일상 속에서 엄마가 질문에 대한 나름의 철학을 가지고 접근하는 것과 그렇지 않은 것에는 큰 차이가 있습니다. 이제 둘째아이는 가끔 제가 질문을 던지는 의도까지 다 알아차립니다. 어느 순간 제 머릿속에 들어와 있는 걸 보면 질문이 가진 힘을 새삼 느끼게 됩니다.

엄마도 질문 노트를 만들어보면 좋습니다. 읽은 책에 대한 질문도 좋고, 엄마의 삶에 대한 질문도 좋습니다. 아이와 하브루타를 하려면 엄마가 먼저 질문에 익숙해져야 합니다. 아이와 대화를 나눌 때 엄마가 질문으로 이끌어가야 하는 순간이 많기 때문에 엄마가 먼저 질문하는 습관을 들여야 합니다. 엄마가 질문하는 모습을 자주 보이면 아이는 저절로 따라 하게 됩니다.

저는 블로그에 비공개로 질문을 적어놓기도 하고, 책을 읽을 때 질문을 여백이나 포스트잇에 쓰기도 합니다. 그리고 아이들과 하브루타 수업에 익숙해지기 위해 내 스스로 누군가의 오프라인 강의를 들을 때나 온라인 영상을 볼 때도 꼭 질문을 던지려고 노력했습니다. 또한 원고를 쓰거나 강의 자료를 준비할 때도 늘 질문에서부터 시작합니다.

엄마가 먼저 내 삶에 관한 질문을 던지면 내가 아이를 키우고 있는 현재의 모습, 부모로서의 나의 가치관과 철학, 내가 나아가야 할 방향 등을 고민하지 않을 수 없습니다. 그런 고민이 끊임없이 이어져갈 때 나는 아이에게 더 좋은 부모, 아이와 함께 더 행복한 부모가 되기 위해 노력하게 됩니다.

우리가 늘 완벽한 부모의 모습일 수는 없습니다. 저 또한 더 지혜롭고 사려 깊은 부모가 되고 싶은 마음이 들 때가 많습니다. 이는 비단 부모로서뿐만 아니라 한 인간으로서의 모습 및 삶과도 연결이 되는 것이겠지요. 우리가 더 성숙한 부모가 되기 위해서는 내 삶과 내 인격 자체에 끊임없는 질문을 던져야 할 것입니다.

여자아이들은 엄마가 하는 것을 자기도 그대로 따라 하고 싶어 하는 경우가 많습니다. 제 딸도 제가 꼼지락꼼지락 뭔가를 만들거나 색다른 시도를 하면 자기도 꼭 따라 하고 싶어 합니다. 그러니 아이가 어떤 행동을 하도록 하고 싶다면 엄마가 은근슬쩍 먼저 해보는 게 효과적입니다. 나만의 질문 노트를 예쁘게 만들어 아이 앞에서 적어보세요. 아이가 관심을 보이면 "너도 만들어줄까? 같이 해볼래?" 하는 거지요. 몇 주간의 질문 노트 프로젝트만으로도 엄마와 아이의 생각에서 조그마한 변화가 있을 것이고, 이것을 꾸준히 1년 이상 실천한다면 삶과 생각 속에서 큰 변화가 있을 것입니다.

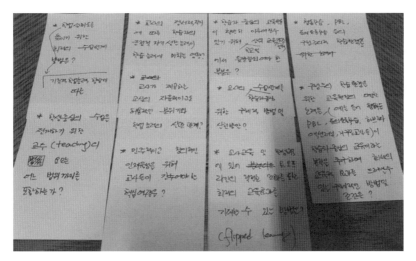

강의원고 작업 전에 스스로 던진 질문들

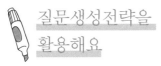 질문생성전략을
활용해요

질문을 많이 만들어보는 것만으로도 질문을 생각해낼 수 있는 능력은 점점 향상됩니다. 그런데 때로는 그것이 쉽지 않은 아이도 있습니다. 무언가를 학습해가면서 더 잘할 수 있는 방법을 스스로 파악하고 능력을 향상시켜가는 아이도 있지만, 누군가의 도움 없이는 앞으로 나아가기 힘들어하는 아이도 있습니다. 대부분의 사람은 앞서 배운 사람이 그 방법을 살짝 안내해주기만 해도 혼자 공부하는 것보다는 훨씬 더 많은 성장과 발전을 이루어냅니다.

교육심리학자인 레프 비고츠키(Lev Semenovich Vygotsky)는 학생들의 실제적인 발달 수준과 잠재적인 발달 수준 사이에는 차이가 있다고 말했습니다. 그리고 그 사이에 존재하는 영역을 근접발달영역(ZPD: Zone of Proximal Development)이라고 제시하였습니다. 이 근접발달영역 안에서 교사나 부모가 아이들에게 적절한 도움을 줌으로써 발달을 확장시켜줄 수 있다는 것입니다. 교육학적 표현을 빌리자면 비계(Scaffolding)를 설정해주는 것이지요. 다시 말해 아동이 자신의 발달 수준보다 높은 과제를 수행하는 데 성인이나 다른 학생이 적절한 도움을 주는 것을 말합니다.

우리 반에서는 학생들이 질문을 만들어내는 데 적절한 도움이 되도록 유형별 질문 카드를 만들어 제공하였습니다. 질문 카드를 참고하여 질문을 만들어보게 함으로써 질문 만들기 능력이 향상되는 전략을 사용한 것입니다. 질문 카드를 사용하면 아이들이 혼자 질문을 만들 때보다 질문을 만들 수 있는 영역과 수준이 확장됩니다. 물론 질문의 유형을 분류하는 것 자체가 목적이 되면 안 됩니다. 또한 늘 질문 카드만을 사용하다 보면 그것에만 의존하기 때문에 스스로 질문을 생각해낼 수 있도록 간헐적으로 제공하여 활용할 필요가 있습니다. 질문 카드는 전적으로 아이들이 질문에 익숙해지도록 도우며, 깊고 의미 있는 질문을 생성해내는 데 그 목적이 있습니다.

피어슨과 존슨(Pearson&Johnson), 라파엘(Raphael), 전성수 교수가 제시한 질문생성전략 및 질문유형을 참고하여 사실 질문, 생각 질문(사고확장 질문), 적용 질문 이렇게 3가지로 질문 카드를 분류하여 활용했습니다. 아이들에게 설명해줄 때 '사실 질문'은 글 안에 답이 뚜렷이 나와 있는 질

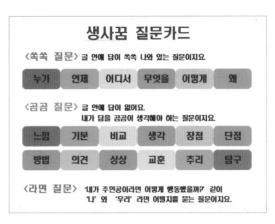

질문 카드 예시

문이고, '생각 질문'은 그 안에 답이 나와 있지 않지만 생각을 통해서 자기만의 답을 찾아갈 수 있는 질문이라고 설명해줍니다. '적용 질문'은 나와 우리의 삶에 적용시켜서 만들 수 있는 질문이며 '내가 ○○라면~', '우리가 ○○라면~'이라는 형태로 만들 수 있다고 안내해주면 됩니다. 위와 같이 설명해주면 1, 2학년 학생들도 이해할 수 있습니다.

사실, 생각, 적용 질문이라는 말은 1학년 아이들과도 함께 이야기하면서 이 낱말을 사용하는 것이 어렵지 않다는 것에 함께 동의하여 사용했던 표현입니다. 좀 더 쉽고 재미있는 표현이 없을지를 2학년 아이들과 같이 고민해보고 질문의 이름을 만들어보기도 했습니다. '사실 질문'은 답이 글에 쏙쏙 나와 있으니 '쏙쏙 질문'으로, '생각 질문'은 우리가 답을 곰곰이 생각해보아야 하니 '곰곰 질문'으로, '적용 질문'은 '나라면~', '우리라면~'과 같은 형태가 많으므로 '라면 질문'으로 이름을 붙였습니다. 그렇게 질문에 귀여운 이름을 붙여주니 아이들이 질문을 더 친숙하게 느끼는 듯했습니다.

질문 만들기를 처음에는 어려워할 수도 있습니다. 엄마가 더 친절한 질문 만들기의 모델이 되어주어야 합니다. 3학년 이상의 아이들은 제가 교실에서 활용하는 질문 유형별 질문 카드를 보고 질문을 곧잘 만들어냈지만 1~2학년 친구들과 질문을 만들 때에는 좀 더 세세한 노력이 필요했습니다.

질문 만들기의 예를 한 번 볼까요? 읽기 자료 중에 다음과 같은 문장이 들어 있다고 생각해보겠습니다. 이 문장들은 제가 그냥 만들어본 것입니다. 세 문장을 바탕으로 질문을 만들어보겠습니다. 세 문장으로도 여러 질문을 만들 수 있는데 읽기 자료 안에는 수많은 문장이 들어 있으니 만들 수 있는 질문들은 당연히 무궁무진하겠지요?

읽기 자료

아주 작은 오두막집에 가난한 농부가 살고 있었습니다. 농부는 겨우 작은 밭 하나를 가지고 있을 뿐이었습니다. 1년 내내 열심히 농사를 지었지만 아내와 두 아이에게 하루에 한 끼 먹이는 것도 힘들었습니다.

사실 질문 - 쏙쏙 질문

-오두막집이란 어떤 집인가요?

-농부가 가진 재산은 무엇이었습니다?

-농부는 얼마나 열심히 농사를 지었나요?

생각 질문 - 곰곰 질문

-'겨우'라는 표현에 담긴 의미는 무엇일까요?

-가난한 농부의 사정에 대해 어떤 생각이 드나요?

-가난한 농부와 부자 농부의 생활은 어떻게 다를까요?

-당신이 이처럼 가난한 상황이라면 어떻게 살아나갈까요?

-가난한 것의 장점은 무엇일까요?

-가난한 농부가 황금을 발견하여 부자가 된다면 열심히 농사를 지을까요?

적용 질문 - 라면 질문

-당신이 농부라면 행복을 느낄 수 있을까요?

-내가 농부처럼 가난하다면 매일 불행하다고 생각할까요?

-우리가 부자가 된다면 다른 사람들을 위해 어떤 일들을 할 수 있을까요?

질문을 만들 때 질문의 종류를 꼭 구별해야 하는 것은 아닙니다. 질문을 구별하라며 아이에게 스트레스를 주어서도 안 됩니다. 제가 질문 유형을 구별하여 제시하는 이유는 각 질문이 주는 의미를 엄마들이 알고 있을 필요가 있기 때문입니다.

사실 질문을 만들고 그에 대한 답을 발견해가다 보면 아이는 어느새 책의 내용을 속속들이 알게 됩니다. 주로 '누가', '언제', '어디서', '무엇을', '어떻게', '왜'의 육하원칙과 연결한 사실 질문들이지요. 단어의 뜻을 묻는 질문도 사실 질문의 중류에 넣어 지도했습니다. 우리 아이들이 학교에서 사용하는 교과서에는 이런 사실 질문들이 지문마다 3개 정도 나와 있습니다. 아이들이 글을 읽고 나서 그 안의 내용들을 자세히 기억하기란 쉽지 않습니다. 그래도 교과서에 나온 3개의 사실 질문과 관련한 내용들은 더 잘 기억할 수 있습니다. 그 질문을 바탕으로 생각하며 답을 찾게 되니까요.

3개의 사실 질문은 아이들로 하여금 글의 내용을 되돌아보게 하는 데 턱없이 부족한 수입니다. 그래서 국어 수업시간에 사실 질문을 만들어보는 것은 큰 의미가 있습니다. 굳이 답을 찾으려 애쓰지 않아도 사실 질문을 만들어가는 과정 자체가 책의 내용을 다시 한 번 되새김질하는 효과가 있기 때문이지요. 때로는 문장 하나하나를 살피며 질문을 만들다가 생각 없이 읽었던 내용이 굉장히 선명하게 다가오기도 합니다. 질문을 만들면서 저절로 그 안에 담긴 세부적인 내용을 파악하게 되는 것입니다.

아이와 함께 책을 읽고 '내가 질문왕' 같은 이름을 붙여 질문 많이 만들기 게임을 해보는 것도 좋습니다. 다음의 표는 제가 아이들과 사실 질문을 만들 때 활용하곤 했던 질문 카드입니다.

사실 질문
〈예시 문장〉 아주 작은 오두막집에 가난한 농부가 살고 있었습니다. 농부는 겨우 작은 밭 하나를 가지고 있을 뿐이었습니다. 1년 내내 열심히 농사를 지었지만 아내와 두 아이에게 하루에 한 끼 먹이는 것도 힘들었습니다.

단어의 뜻 묻기	오두막집이란 어떤 집인가요?
육하원칙에 따라 묻기 (누가, 언제, 어디서, 무엇을, 어떻게, 왜)	농부가 가진 재산은 무엇이었습니까?
내용을 사실대로 파악하기 위해 묻기	농부는 얼마나 열심히 농사를 지었나요?

생각 질문은 사실 질문과는 또 다른 매력이 있지요. 책에 답이 나와 있지 않기 때문에 아이들은 자기 나름의 답을 찾아 마음껏 상상력을 발휘하게 됩니다. 정말로 생각에 생각이 꼬리를 물고 나아가지요. 제가 맡은 아이들과 1년 동안 하브루타를 실천하면서 아이들의 생각이 굉장히 넓고 깊어지는 것을 실감하곤 했습니다. 생각 질문을 만들어내는 과정, 그에 대해 자신의 답을 만들어가고 친구의 생각과 비교해가는 경험을 하기 때문이지요.

생각 질문은 표현의 의미, 느낌, 의견, 장단점, 문제 해결의 방법, 원인, 가치 등을 묻거나 비교, 가정, 추리, 유추하여 묻는 질문들이 포함됩니다.

질문의 수준을 군이 따져본다면 사실 질문보다는 훨씬 수준이 높은 질문
이라고 할 수 있지요. 아이들이 만든 생각 질문 중에는 '아이들의 생각은
정말 상상을 초월하는구나.' 싶은 생각이 드는 질문도 많습니다. 제가 아
이들과 생각 질문을 만들 때 활용했던 질문 카드는 다음과 같습니다.

생각 질문(1)	
〈예시 문장〉 아주 작은 오두막집에 가난한 농부가 살고 있었습니다. 농부는 겨우 작은 밭 하나를 가지고 있을 뿐이었습니다. 1년 내내 열심히 농사를 지었지만 아내와 두 아이에게 하루에 한 끼 먹이는 것도 힘들었습니다.	
⬇	
문장이나 낱말의 표현에 대해 묻기	'겨우'라는 표현에 담긴 의미는 무엇일까요?
느낌을 묻기	가난한 농부의 사정에 대해 어떤 생각이 드나요?
비교하여 묻기	가난한 농부와 부자 농부의 생활은 어떻게 다를까요?
의견을 묻기	당신이 이처럼 가난한 상황이라면 어떻게 살아나갈까요?
장단점 묻기	가난한 것의 장점은 무엇일까요?
가정하여 묻기	가난한 농부가 황금을 발견하여 부자가 된다면 열심히 농사를 지을까요?

생각 질문(2)	
〈예시 문장〉 아주 작은 오두막집에 가난한 농부가 살고 있었습니다. 농부는 겨우 작은 밭 하나를 가지고 있을 뿐이었습니다. 1년 내내 열심히 농사를 지었지만 아내와 두 아이에게 하루에 한 끼 먹이는 것도 힘들었습니다.	

⬇

문제해결의 방법 묻기	농부가 끼니를 잘 해결할 수 있는 방법은 무엇일까요?
추리하여 묻기	아내와 두 아이는 매일 불평했을까요?
원인을 묻기	농부는 왜 밭 하나만 가지고 있었을까요?
가치에 대해 묻기	꼭 부자가 되어야만 할까요?
문장을 통해 유추할 수 있는 것 묻기	농부는 원래부터 가난했을까요?

적용 질문은 말 그대로 나, 너, 우리의 삶에 적용하여 만드는 질문입니다. "내가 주인공이라면 어떻게 했을까?"와 같은 질문이지요. 아이들 자신이 책에 나오는 인물이 되어 그 입장을 생각해보고, 또 다른 문제 해결 방안을 생각해볼 수 있게 하는 질문입니다. 엄마가 아이와 책을 읽고 가장 쉽고 편하게 나누어볼 수 있는 질문이기도 하지요.

적용 질문은 아이가 책에 나오는 인물의 마음을 공감하게 한다는 점에서 나름의 의미가 있습니다. 우리가 문학을 읽는 큰 이유 중 하나는 이야기를 통해 삶을 배워나갈 수 있기 때문입니다. 만일 책을 읽기는 해도 주인공과 주변인물의 말과 행동을 마음으로 이해하지 못하고 공감하지 못한다면 아직 책을 제대로 읽지 못한 것입니다. '나라면?'이라는 질문을 통해 아이들은 책을 진짜로 읽어나갈 수 있습니다. 다음의 표는 제가 아이들과 적용 질문을 만들 때 활용했던 질문 카드입니다.

적용 질문
〈예시 문장〉 아주 작은 오두막집에 가난한 농부가 살고 있었습니다. 농부는 겨우 작은 밭 하나를 가지고 있을 뿐이었습니다. 1년 내내 열심히 농사를 지었지만 아내와 두 아이에게 하루에 한 끼 먹이는 것도 힘들었습니다.

상대방에게 적용하여 묻기	당신이 농부라면 행복을 느낄 수 있을까요?
나의 생활에 적용하여 묻기	내가 농부처럼 가난하다면 매일 불행하다고 생각할까요?
우리의 삶에 적용하여 묻기	우리가 부자가 된다면 다른 사람들을 위해 어떤 일을 할 수 있을까요?

질문 카드

모든 질문의 유형과 상관없이 그냥 편하게 질문을 만들며 하브루타를 시작해도 좋습니다. 처음에는 그렇게 시작하는 것이 더 좋을 것입니다. 위에 제시한 질문의 유형에 얽매여 아이가 질문 만들기를 또 하나의 짊어지고 가야 할 공부처럼 느끼게 된다면 그것은 결코 진정한 하브루타라고 할 수 없을 것입니다.

단, 아이에게 무언가를 제시해줄 때 엄마는 아이보다 더 깊게 공부하고 아이와 함께할 내용에 대해 통찰할 필요가 있습니다. 그래야 아이에게 진정으로 중요한 것이 무엇인지를 생각해가며 안내해줄 수 있기 때문입니다.

예를 들어 학생들에게 세 자리수의 덧셈과 뺄셈을 지도한다고 할 때 교사는 그 내용에 대한 연구 없이 그냥 가르치는 것이 아닙니다. 세 자리수의 덧셈과 뺄셈을 왜 가르쳐야 하는지, 이이들이 받아들이기 쉽도록 어떻게 가르쳐야 하는지부터 고민합니다. 이른바 가르칠 내용에 대한 더 깊은 이론적 이해의 시간이 필요하고, 교수법에 대해서도 고민해야 하는 것입니다. 또한 삶과 어떻게 연결 지어야 하는지 등을 수업하는 순간에도 끊임없이 고민하며 아이들을 지도합니다.

질문 만들기도 마찬가지입니다. 아이들에게만 질문을 만들라고 던져주는 것이 아니라 엄마부터 질문에 익숙해지고 질문이 지닌 깊은 의미에 대해 고민할 필요가 있습니다. 아이가 엄마와 함께하는 질문활동을 싫어하거나 지겨워하면 다시 한 번 엄마 자신을 돌아보려는 노력도 필요합니다. 짧은 호흡이 아니라 길게 바라보며 어떻게 하면 아이가 질문하는 삶을 살아갈 수 있도록 이끌 수 있을 것인지를 생각해보는 노력이 필요합니다.

때때로 엄마의 욕심이 아이의 능력을 넘어서서 속상하거나 짜증이 날 때 아이의 모습과 나의 모습에 대한 끊임없는 고민과 성찰이 있어야 아이의 입장에서 다시 자신의 모습을 바라볼 수 있는 마음의 여유가 생깁니다. 단순히 질문을 던지고 내 생각을 나누는 프레임이 아닌 질문하고 생각하는 것이 아이의 일상생활이 되어 삶으로 들어올 때 비로소 하브루타가 지닌 힘을 느끼게 될 것입니다.

깊고 의미 있게 질문해요

아이들이 질문에 익숙해지게 하는 것만으로도 생각하는 습관 형성의 50%는 완성입니다. 그렇다고 매사에 아이가 지칠 정도로 질문을 던지는 것은 오히려 아이에게 큰 부담이 됩니다. 아이와 함께 길을 갈 때 아이에게 질문을 던지는 것보다 엄마 혼자서 중얼거리듯이 하는 질문이 의미가 있을 수도 있습니다.

질문 습관을 가지도록 이끌면서 간과하지 말아야 할 것은 깊이 있게 질문하는 능력을 길러주는 것입니다. 교실에서 아이들과 함께 던져보는 무수히 많은 질문은 각자 그 나름대로의 의미가 있습니다. 그러나 그 모든 질문을 전부 다루어볼 만한 시간이 넉넉하게 주어지지는 않습니다. 그러므로 의미 있는 질문을 선택하여 아이들이 좀 더 깊이 있게 생각할 수 있도록 지도할 필요가 있습니다. 질문 하나하나에 간단하게 대답하는 것이 아니라 하나의 질문에 생각을 거듭 더하여 깊이 있는 의견을 나누어보는 것입니다.

학창시절에 영어 문법공부를 할 때 영어 책 여러 권을 한 번씩 보는 것보다는 자신에게 적합한 한 권을 골라 그것을 몇 번이고 독파하는 것이 훨씬 실력 향상에 도움이 된 경험을 해보았을 것입니다. 영어 듣기 능력 향상을 위해서 이것저것 닥치는 대로 많이 듣고 영어에 많이 노출되는 시간도 중요하지만, 영어 스토리북 한 권을 정해 흘려 듣기, 집중하여 듣기, 들으며 따라 말하기, 듣고 정확하게 받아쓰는 딕테이션 등의 방법을 통해 완전히 내 것으로 만들었을 때 리스닝 실력이 월등히 향상된 경험이 있을 것입니다. 교실에서 질문 중심, 비교 중심 하브루타 수업모형을 바탕으로 이루어지는 수업과정 중에 만든 질문에서 최고의 질문이나 좋은 질문을 뽑아보는 이유도 바로 그것입니다. 깊이 있게 생각할 만한, 서로의 생각을 나누었을 때 큰 의미를 줄 수 있을 만한 질문을 학생들이 스스로 찾아 그에 대한 의견을 깊이 있게 나누도록 하는 것입니다.

교실에서는 교사가 한 명 한 명과 깊이 있게 대화하기 어렵지만, 집에서라면 자녀와 하나의 질문에 대하여 깊이 있게 고민할 시간이 충분합니다. 가정에서의 하브루타가 지니는 강점은 엄마가 아이와 함께 일대일로 깊이 있는 질문과 대화, 토론, 논쟁의 과정을 진행할 수 있다는 것입니다. 하나의 질문을 깊이 다루고 나머지 질문을 다루지 않는다고 해서 그 질문들을 만든 시간이 헛된 것은 아닙니다. 질문들을 만들어본 과정 자체가 의미 있는 사고활동의 시간이기 때문입니다.

탈무드로 하는 아침 하브루타 활동을 위해 1학년 학생들과 함께 서로 생각 나누기 좋은 질문들을 만든 적이 있습니다. 그 질문들을 교실에 게시해놓고 아침 독서 시간에 읽은 책이나 선생님이 들려주는 탈무드 이야기를 가지고 대화와 토론을 할 때 활용하기도 합니다. 다음과 같은 질문들입니다.

"넌 어떤 책을 읽었니?"

"어떤 내용이었니?"

"그 책을 읽고 어떤 생각을 했니?"

"어떤 장면이 재미있었니?"

1학년 질문의 교실

"기억에 남는 말은 무엇이니?"

"네가 주인공이라면 어떻게 했겠니?"

"그 책을 읽고 앞으로 어떻게 해야겠다고 결심했니?"

"책을 읽고 어떤 질문이 생겼니?"

매일 위의 질문들에 다 대답해보는 것도 의미 있지만 그중 하나의 질문에 대해 생각을 확장시켜가며 대화하는 것이 아이들의 생각을 더 자라게 합니다. 물론 처음에는 익숙하지 않습니다. 그래서 학기 초에 아이들로 하여금 게시된 질문을 활용하여 대화를 나누도록 하면 위의 질문을 순서대로 번갈아가며 간단하게 답하는 아이도 많습니다. 때로는 너무나 기계적으로 묻고 답하는 아이들도 있습니다.

처음부터 모든 아이에게 깊이 있는 질문과 답변을 기대하는 것은 무리입니다. 하브루타 문화가 깊숙이 자리 잡고 있는 이스라엘의 아이들과는 출발점부터가 다르기 때문입니다. 스스로 질문하고 대화와 토론에 적극적으로 참여하게 되기까지는 교사나 부모의 기다림이 필요합니다. 하나의 질문에 대한 서로의 깊이 있는 대화가 중요하다는 것을 거듭 강조해 주면 아이들의 대화는 달라져갑니다.

『스갱 아저씨의 염소』라는 책으로 2학년 아이들과 수업한 적이 있습니다. 스갱 아저씨의 예쁜 아기 염소인 블랑께뜨가 아저씨의 답답한 집을 떠나 자유로운 산으로 떠났고, 늑대와 밤새 싸우다가 죽임을 당한 이야기입니다. 아이들에게 조금 슬프고 무서운 이야기일 수도 있을 것 같아 책을 읽어주는 순간 괜스레 미안한 마음이 들기도 했지만, 아이들에게 생각할 거리를 많이 준 책입니다. 너무나 좋아하기도 했고요.

수업시간에 어떤 친구는 자신이 블랑께뜨였다면 절대로 아서씨를 배신하지 않고 산으로 가지도 않았을 거라고 이야기했습니다. 아저씨의 집에서 마음껏 달리는 게 낫다고 말한 아이도 있었지요. 자기가 늑대가 되어 염소를 잡아먹어 보니 염소가 너무 맛있었다고 한 아이가 말하자 다른 아이도 늑대한테는 염소가 정말 맛있었을 것 같다고 덧붙였죠.

스갱 아저씨의 입장에서 생각해 보니 블랑께뜨가 뿔피리소리를 듣고도 돌아오지 않아 불안하고도 슬픈 마음이 들었다는 아이도 있었습니다. 블랑께뜨가 집을 나간 것이 창문을 열어놓은 스갱 아저씨의 잘못 같다는 아이도 있었고요. 더 나아가 '자유'와 '선택' 등의 가치에 대해 더 나누고 싶었는데 한정된 시간이 참 아쉬웠습니다.

수업을 하고 난 다음 날 아침, 아이들이 그 책을 너도나도 찾아 읽고 싶어 해서 돌아가며 읽힌 다음 다시 한 번 더 이야기를 나눠보았습니다. 우리 반에 게시된 아침 독서 하브루타 질문 중 "그 책을 읽고 어떤 생각을 했니?"라는 질문 하나만을 가지고 아이들과 함께 다 같이 대화를 시작한 것이지요. 처음엔 '집을 떠난다, 안 떠난다.'에서 시작한 이야기가 나중에는 '자유가 소중하다, 그래도 사랑하는 사람을 슬프게 해서는 안 된다.'는 내용까지 이어졌습니다. 그리고 '자기 행동에 책임을 져야 한다.', '용기 있는 자유는 멋지다.'라는 생각까지 이르렀습니다.

그런 생각들은 혼자만의 생각에서 나온 것이 아니라 아이들의 말 한 마디 한마디가 확장됨으로써 비롯한 것이지요. 모두 함께할 때 중간중간 교사가 방향성을 줄 수 있는 단어나 문장을 던져주어야 합니다. 저학년이고 교사의 안내가 필요하지만 "그 책을 읽고 어떤 생각을 했니?"라는 단 하나의 질문으로도 깊이 있게 대화할 수 있습니다. 친구와 함께 조금 더 깊이 하브루타할 수 있는 과정을 경험하게 됩니다. 그 과정을 사랑하는 엄마가 늘 함께해준다면 아이에게 큰 선물이 될 것입니다.

✱ '왜'로 '질문 꼬리잡기' 놀이를 해보세요.

1학년 친구들이 정말 좋아했던 질문놀이였는데요. '왜'를 넣어 계속 질문을 던지는 겁니다. '왜'만 넣어도 질문이 탄생하거든요. 그렇게 '왜'가 반복되는 상황이 마냥 재미있는지 1학년 아이들은 제가 앞에서 시범을 보여주면 배꼽이 빠졌답니다.

- 오늘 아침에 학교 오기 전에 뭐 먹고 왔어? 김밥이요
- 왜 김밥을 먹었어? 엄마가 해주셔서요.
- 엄마는 왜 해주셨어? 제가 해달라고 해서요.
- 너는 왜 해달라고 했어? 김밥이 먹고 싶어서요.
- 왜 김밥이 먹고 싶었어? 너무 오랫동안 안 먹어서요.
- 왜 오랫동안 안 먹었어? 엄마가 안 해주셔서요.
- 엄마는 왜 오랫동안 안 해주셨어? 몰라요.
- 왜 몰라? 엄마한테 안 물어봐서요.
- 왜 엄마한테 안 물어봤어? ?????

이런 식으로 계속 이어가다 보면 말문이 막히는 순간이 옵니다. 그런데 그 상황도 마냥 재미있어한답니다.

02

질문을
넘어서기

훌륭한 정원사는 절대 '자연 그대로' 내버려두지 않는다.
그들은 자신의 정원에 대해 책임을 진다.
-에릭 리우, 닉 하나우어(Eric Liu, Nick Hanauer)

 **질문은 결국
생각하는 힘이에요**

『하버드의 생각수업』의 저자 후쿠하라 마사히로는 자신만의 확고한
가치관과 진정한 교양을 강조합니다. 이를 위해 사물의 본질에 대해 깊
이 있게 고민하고 성찰하여 자기 나름대로의 생각을 가져야 한다고 말합
니다. 글로벌 사회에서 통하는 인재가 되기 위해서는 그런 생각들을 바
탕으로 자신의 가치관을 논리적으로 표현하며 의사소통할 수 있는 힘이
필요하다는 것입니다.

질문의 중요성, 질문 만들기 지도방법 등에 대해 앞에서 언급했는데

이는 결국 아이들의 '생각하는 힘'을 길러주는 것이 목적입니다. 아이들이 깊이 생각하는 습관을 길러주기 위해서이지요. 저는 교실에서 항상 '질문'과 '생각'을 강조했습니다. 아침 독서가 끝난 후 그냥 책을 덮는 것이 아니라 떠오르는 질문과 생각을 물으며 독서를 마무리했던 것도 그 때문입니다.

하브루타는 정답보다는 해답을 찾아가는 과정에서 경험하는 사고의 과정 그 자체에 의미를 둡니다. 오릿 켄트 교수가 하브루타 속 상호작용에서 나타난다고 말한 '궁금해하기(wondering)'와 '집중하기(focusing)'도 학생들이 의문을 제시하며 또 다른 답을 찾기 위해 생각의 꼬리를 물고 나가는 것입니다. 생각을 양적으로 확장하는 것뿐 아니라 질적으로 심화시켜나가기 위하여 어느 한 부분에서는 생각에 생각을 거듭하여 파고드는 깃을 깅조하지요. 깊이 있게 초점을 맞추는 것입니다.

가정에서도 의도적으로 자녀들의 생각을 물어봐주는 노력이 필요합니다. 부모에게는 '이렇게 하면 좋겠다.'라는 생각이나 의견이 있겠지만, 어떤 상황이나 결정에 대한 자녀의 생각을 꼭 물어봐주는 것입니다. "계란 프라이로 해줄까, 오믈렛으로 해줄까?", "외식할건데 어디로 갈까? 메뉴는 뭐로 할까?", "이번 휴가는 어디로 가면 좋을까?" 같은 일상 질문부터 뉴스를 함께 보고 의견을 묻는 질문까지 아이가 사고할 수 있는 기회를 주는 겁니다.

다음은 둘째아이가 2학년 때 인천 어린이집 사건 뉴스를 보고 함께 나눈 대화입니다. 아이는 어떤 생각을 하고 그런 상황에서 어떻게 행동했을지가 궁금했습니다.

엄마: 은아, 인천어린이집 이야기 알지?

은이: 응, 아빠가 동영상 보여줬어. 선생님이 아이를 확 후려쳤어(그 교사가 너무 심했다는 표현을 이런 식으로 했음).

엄마: 그런데 왜 그런 거래?

은이: 김치 안 먹었다고 그랬나봐.

엄마: 세상에, 그 아이 마음이 어땠을까?

은이: 너무 속상하고 아팠을 것 같아.

엄마: 그럼 은이가 그 아이였다면 어떻게 했을 것 같아?

은이: 응, 나는 핸드폰 찾아서 엄마한테 막 전화해서 집에 올 거야.

엄마: 핸드폰이 없거나, 집에 갈 시간 아니라 못 가게 할 수도 있는데?

은이: 응, 그러면 나도 이 아이스크림 장난감으로 선생님한테 확 할 거야

（스펀지가 실에 연결되어 끝을 누르면 휙 나가는 장난감을 휘두르며).

엄마: 응, 근데 그 아이는 너무 어려서 그렇게도 못했지.

부모는 아이가 일상에서 끊임없이 자신의 생각을 끄집어낼 수 있는 상황을 만들어주어야 합니다. 최근 몇 년간 우리나라에서도 하브루타를 활용한 교육이 학생들의 창의성, 비판적 사고력, 의사소통능력, 문제해결능력 등의 향상에 도움이 된다는 연구 결과가 많이 나왔습니다. 질문 그 자체를 넘어서서 학생들이 삶 속에서 닥치는 문제들을 해결하기 위해 창의적으로 사고하면서 함께 소통해나가는 과정이 하브루타 안에서 이루어지기 때문입니다.

교실에서 하브루타 수업을 꾸려가다 보면 아이들이 서로의 의견에 더

경청하려 노력하고 상대방과는 다른 생각을 해내려고 시도하는 모습을 볼 수 있습니다. 자신의 주장에 대해 근거를 찾아내려고 애쓰기도 합니다. 상대방의 의견에 다른 의견을 제시하면서도 상대가 속상해하지 않도록 노력하는 모습도 볼 수 있습니다. 그러한 모습들 속에서 아이들이 생각하는 과정을 엿볼 수 있지요.

정선영, 최현정(2018)은 하브루타 원리에 기초해서 온라인 토론활동을 실시하고 그 안에서 이루어지는 상호작용 패턴을 분석했을 때 다음과 같은 상호작용 유형이 나타난다고 했습니다. 주장을 주의 깊게 들여다보기, 차이를 발견하고 탐색하기, 설득력 있는 근거 제시하기, 동의와 반문과정 거치기, 의미 절충하고 확장하기, 변화와 도전 및 협력하기의 6가지 상호작용 유형이 그것입니다. 이러한 상호작용 속에서 학생들은 끊임없이 사고하게 되는 것입니다.

생각하는 습관이 짧은 시간에 형성되는 것은 아닙니다. 부모나 교사가 옆에서 끊임없이 그러한 문화를 만들어가기 위해 촉진자의 역할을 감당해내야 하겠지요. 앞에서 먼저 시범을 보여주고, 옆에서 격려해주며, 뒤에서 조용히 지켜봐주는 역할이 골고루 필요합니다. 그러나 1년 내내 생각하고 표현하는 습관을 기르도록 노력해도 생각만큼 따라와 주지 않는 아이들도 있습니다. 그러나 결과에 상관없이 우리 부모와 교사들은 아이들을 돕고 이끄는 그 자체에 의미를 두고 지속적으로 노력해야 할 것입니다.

자율적으로 생각하고 결정해보는 습관이 몸에 배면 아이의 주체적 사고능력은 향상됩니다. 물론 자신의 의견을 꼬박꼬박 말하는 아이의 모습을 불쾌해하는 사람도 있습니다. 어릴 때부터 스스로 생각할 수 있는 힘을 길러 자신의 생각을 당당하게 표현할 줄 아는 능력은 미래사회에서 꼭 필요한 능력 중 하나입니다. 웃어른과 상대방에게 예의를 갖추어 자신의 의견을 표현할 수 있도록 지도를 할 필요가 있습니다. 오릿 켄트 박사도 하브루타의 특징 중 하나인 '도전하기(Challenging)'에서 온화한 태도를 갖추는 것을 강조하였습니다.

질문을 글쓰기로 연결해요

질문에 익숙해지고 질문을 잘 떠올리게 되면 좋은 점 중 하나는 말할 거리가 풍성해지고 그만큼 글쓰기도 수월해진다는 것입니다. 글을 쓰기 위해서는 자신이 글로 표현할 내용을 머릿속에 떠올려야 합니다. 쓸 말이 있어야 글을 쓰는 법인데, 일기 같은 경우만 봐도 아이들은 무엇을 써야 할지 몰라 몇 줄 쓰고 다 썼다고 하는 경우가 많습니다. 아이들이 일기에 쓸 내용이 떠오르지 않는다고 할 때에는 다음과 같은 질문을 던지면서 아이와 먼저 이야기를 나누고 그렇게 이야기 나눈 내용을 그대로 일기로 쓰도록 하면 됩니다.

예를 들어 "오늘 누구랑 노는 게 즐거웠니?"라는 질문으로 아이와 이야기를 시작했다면 "어떤 놀이를 했는데?", "그 놀이는 어떻게 하는 건데?", "그 친구랑 놀면 왜 좋아?", "다음에는 그 친구랑 무슨 놀이를 하고 싶니?" 등 아이의 답변과 연결된 질문을 던져 아이가 답할 수 있게 해주는 것입니다. 예그렇게 아이가 신나게 자신에게 있었던 일을 이야기할 수 있도록 한 후에 그 내용을 일기장에 차근차근 정리할 수 있도록 도와줍니다. 일기가 아닌 다른 글쓰기도 마찬가지입니다. 써야 할 주제와 관련한 질문을 끌어내거나 제시하고, 그에 대한 자신만의 답변을 정리해가도록 도와줍니다.

저는 우리 반 아이들에게 그날 수업내용과 관련하여 '배움·느낌·다짐'을 늘 물었습니다. 외부강사의 수업이거나 특별히 묻지 못할 시간적인 상황이 생겼을 때를 제외하고는 말이지요. 말하자면 "오늘 수업에서 무엇을 배웠니?", "오늘 수업 속에서 무엇을 느꼈니?", "오늘 수업과 관련하여 어떤 다짐을 했니?" 하고 묻는 것이지요. 우리 반 아이들과는 앞 글자만 따서 '배느다'로 간단히 표현했습니다. 수업이 끝날 때마다 '배느다'를 묻고 아이들은 그에 대한 자신의 생각을 짝과 나눈 후 몇 명은 전체적으로 발표를 합니다. 그 배느다를 그대로 글로 풀어서 정리하면 수업에 대한 자신만의 짧은 성찰의 글이 됩니다. 길게 쓰고자 하면 배움, 느낌, 다짐을 조금씩 더 생각하여 늘려 쓰면 되는 것입니다.

집에서는 저녁에 아이의 얼굴을 마주했을 때 오늘의 '배움·느낌·다짐'을 물어봅니다. 그것만으로도 아이들에게는 하루를 성찰할 수 있는 시간이 됩니다. 그런 하루하루가 켜켜이 쌓이면 아이에게는 큰 힘이 됩니다. 1~2학년 학생들도 학기 초에 배움, 느낌, 다짐을 말하는 태도와 학기 말에 말하는 태도와 내용은 많이 다릅니다. 더 풍성해지고 더 적극적이 되지요. 매일매일 빠짐없이 자신의 생각을 표현한다는 것은 낙숫물이 바위를 뚫는 힘과 같이 아이들의 삶에 큰 의미가 되어줄 것입니다.

아이가 저학년이라면 알림장 공책을 활용하여 아주 짧게 글을 써보도록 지도하면 좋습니다. 저는 저학년을 담임할 때는 알림장 공책을 글쓰기 공책으로 활용했습니다. 알림장은 날짜를 쓰기도 좋고 하루 분량에 해당하는 부분이 공책의 절반 정도이기에 아이들이 부담도 덜 느낍니다. 거기에 꾸준히 기억에 남는 수업활동을 짧게 요약하고 느낀 점과 배운 점을 적어보도록 하면 시간이 흐를수록 자신의 생각을 끄집어내는 일에 익숙해지게 됩니다. 그렇게 짧게라도 기록으로 남겨놓는 일이 중요한 이

> **'배느다' 전략에 따라 그 날의 수업을 돌아본 3학년 학생의 짧은 글**
>
> **[배움]** 오늘 음악책에서 〈소풍〉이라는 노래를 캐스터네츠와 트라이앵글로 연주했다. 나는 캐스터네츠와 트라이앵글 연주하는 자세를 배웠다. 캐스터네츠는 왼손 손바닥에 놓고 오른손 가운데 손가락과 집게손가락으로 치고, 트라이앵글은 왼손으로 손잡이를 잡고 오른손으로 체를 잡아서 친다.
> **[느낌]** 트라이앵글과 캐스터네츠로 〈소풍〉이라는 노래를 연주하니 신났다.
> **[다짐]** 내 장래희망 중 하나가 음악가인데 더 열심히 해야겠다고 생각했다.

유는 그 기록을 통해 자신에 대한 신뢰를 쌓을 수 있기 때문입니다. 자신이 쓴 글이 차곡차곡 모이면 1년이 지나 뒤돌아보았을 때 '내가 이렇게 열심히 글을 썼구나.' 하는 생각을 하게 되고, 그 자체가 아이들의 자존감에 긍정적 영향을 미칩니다.

글쓰기는 말로 표현하는 것보다 훨씬 더 논리정연한 사고 과정이 필요합니다. 그래서 왠지 글을 쓴다는 것은 말하기보다 더 부담으로 다가오는 것이 사실입니다. 아이가 글에 대한 부담감을 덜 수 있게 하는 방법 중 하나는 질문을 통해 접근하는 것입니다. 글쓰기를 자주 할수록 자신의 생각을 표현하는 능력, 상호작용하며 의사소통하는 능력은 향상될 수밖에 없습니다. 저는 강의 원고나 책을 쓸 때 써야 할 주제와 관련한 질문을 던지고 그 질문들을 일목요연하게 배열하여 구조화하며 목차를 잡습니다. 목차에 따른 내용을 정리하면 하나의 강의 원고 또는 글이 완성되는 것이지요.

예전보다는 글쓰기가 훨씬 우리의 삶 속으로 깊이 들어와 있는 시대입니다. 짧게는 카톡 메시지부터 밴드, 블로그, 카페, 페이스북, 트위터, 유튜브 등에 올리는 글까지 자신의 글을 쓰고 다른 이의 글을 읽는 상황이 예전보다 훨씬 많아졌습니다. 스스로 질문하며 글 쓰는 습관은 우리 아이들의 삶을 더욱 풍성하게 해줄 것입니다.

 ## 엄마도 아이와 함께 성장해요

아이에게 질문을 던지며 책을 읽고 자신의 생각을 서로 나누면서 자녀와 하브루타를 실천해본 엄마라면 누구든 자녀와의 관계가 더 포근해짐을 느꼈을 것입니다. 자녀의 마음을 진심으로 물어봐주고, 이야기에 귀 기울여주는데 관계가 회복되지 않는다는 것이 더 이상한 일일 것입니다. 그러나 질문을 던지고 생각을 나누며 글로 표현해보는 과정 중에 아이의 성장에 대한 엄마의 욕심이 앞서면 그 모든 것이 다 의미 없습니다. 오히려 관계가 더 안 좋아질 수도 있습니다. 하브루타를 통해 자녀의 성적을 향상시키고 뭔가 더 열심히 공부하는 아이가 되게 하고 싶은데 '왜 생각만큼 안 되지?'라는 조급증을 갖는다면 그건 하브루타의 본질에 어긋나는 마음일 것입니다.

제가 6년 동안 교실에서 아이들과 질문·대화·토론·논쟁이 생활화된 하브루타 수업을 하며 느낀 것 중 하나는 하브루타를 통해 아이들이 얻게 되는 것은 비단 질문하고 생각하는 습관이라는 학습적인 측면뿐만이 아니라는 것입니다. 인성적인 부분에서도 서로 배려해주고 공감해주려 노력하는 모습으로 조금씩 변화해갑니다. 학교생활을 하다 보면 크고 작은 다툼이 일어나게 되는데 그런 갈등들을 서로 대화하고 이해하며 풀어가려는 자세를 갖게 됩니다. 우리가 일생을 살면서 갈등 없이는 살아갈 수가 없으니, 갈등을 평화롭게 해결하는 방법을 배우고 경험하는 것은 큰 의미가 있습니다.

또 한 가지의 큰 변화는 제 스스로의 변화입니다. 첫째아이가 어렸을 때 저는 아이에 대한 너무나 큰 기대 때문에 짜증을 잘 내고 화도 곧잘 내는 엄마였습니다. 다른 사람들에게는 늘 친절히고 넓은 마음으로 다양한 상황을 이해해줄 수 있는데, 왜 그렇게 아이가 엄마의 기대에 부응하지 못한다고 느낄 때 속상하고 짜증이 나던지…. 얼마 전에 첫째아이가 2학년 때 쓴 일기장을 들춰본 적이 있습니다. 고사리 같은 손으로 예쁘게 쓴 일기였습니다. 그런데 그 시절에는 아이의 일기를 사랑스러운 눈으로 바라봐주지 못했습니다. 조금 더 풍성하고 어법에 맞게 쓰기를 바랐죠. 교사 엄마의 쓸데없는 욕심이었던 것입니다.

휴직하고 둘째아이를 마냥 예뻐해주며 키운 때와 비교하여 첫째아이를 키우던 때를 생각하면 괜히 마음이 짠해지고 가슴이 아려옵니다. 제가 지금 첫째아이와 행복한 관계를 유지하고 아이가 '나는 엄마, 아빠로부터 듬뿍 사랑받고 있다.'라고 여기는 것은 교실과 집에서 하브루타를 실천하면서 아이의 마음을 물어봐주고 들어주려는 습관이 몸에 배었기 때문입니다. 늘 오빠랑 자기보다 학교 아이들만 신경 쓴다고 툴툴댔던 둘째아이는 엄마가 그나마 더 좋은 엄마가 되어가고 있는 것은 하브루타 수업을 실천해왔기 때문임을 이해하고 있는지 모르겠습니다.

질문으로 상대방을 배려하며 대화하려는 습관이 배면 자녀와의 관계에서도 큰 소리 없이 조곤조곤 대화로 문제나 갈등을 해결해나갈 수 있습니다. 육아의 기쁨은 교육의 기쁨이라고 하지요. 지금 이 순간 아이와의 하루하루가 지치고 엄마 자신의 삶이 없는 것처럼 느껴져 힘겨울 수도 있습니다. '나는 누구이고, 나의 삶은 어디 있는가?'라는 생각이 들기도 할 것입니다. 그러나 엄마는 아이의 성장에 매우 큰 의미를 가진 존재입니다. 지금 있는 모습 그대로 최선을 다하며 잘하고 있다고 스스로를 격려해주면 좋겠습니다. 아이와 자신을 격려하되 끊임없이 아이와의 삶, 자신의 삶에 질문을 던지며 돌아보는 하루하루가 쌓여간다면 엄마도 아이도 어느새 훌쩍 성장해 있을 것입니다. 아이가 커나갈수록 엄마에게도 아이와의 삶을 넘어선 또 다른 자신만의 삶이 기다리고 있을 것입니다.

� 짜증이나 화를 내고 나서 후회되면 꼭 미안함을 표현하세요.

하브루타하는 엄마가 되더라도 늘 1년 365일 내내 아이에게 친절한 엄마
가 될 수는 없습니다. 단호해야 하는 상황을 넘어서 짜증을 내거나 화를
내는 상황이 분명히 생깁니다. 우리는 인간이니까요. 그럴 때는 마음을 가
라앉히고 아이에게 "엄마가 화내서 미안해." 하며 속상했던 이유를 차근
차근 말해보세요. 마음도 한결 나아지고, 아이도 엄마를 이해해줄 거예요.

- 아까 엄마가 차분하게 말하지 못하고 짜증내서 미안해.

- ○○가 너무 엄마 마음을 몰라주는 것 같아서 그랬어.

- 다음부터는 ○○의 마음도 생각해가며 얘기할게.

- ○○도 엄마의 마음을 조금만 더 이해해주었으면 좋겠어.

03

쉽게,
깊게, 길게

아이를 가르치는 것의 목적은
가르치는 자가 없이도 스스로 해낼 수 있도록 하는 것이다.
-앨버트 허버드(Elbert Hubbard)

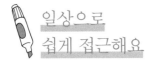

일상으로
쉽게 접근해요

이제 엄마가 아이와 함께 쉽게 하브루타를 해볼 수 있는 '엄마 하브루타 모델'을 제시해보고자 합니다. 첫째아이는 제가 직접 육아를 못했지만, 둘째아이는 3년 동안 휴직하며 첫째아이 때 하지 못해 아쉬웠던 육아를 제대로 해보려고 노력했습니다. 무엇보다 아이와 대화를 많이 했습니다. 첫째아이를 키우며 대화할 시간을 많이 갖지 못해 아이가 말문을 늦게 텄나 싶어 많이 미안했습니다. 그래서 둘째아이 때는 뱃속에 있을 때부터 쫑알쫑알 말을 많이 해주었습니다.

아이를 하루 종일 보살피며 키울 수 있는 시간이 3년으로 한정되어 있으니 시간이 더 소중했습니다. 설거지하느라 아이와 떨어져 있던 시간도 너무 아쉬웠죠. 갓난아기 때 일부러 이동식 침대를 사서 곁에 찰싹 붙여 놓고 집안일을 했고, 부엌일을 할 때는 그 침대를 싱크대 옆으로 끌고와 엄마가 설거지하거나 요리하는 과정을 실시간으로 중계해주었습니다. 밖에 산책 나갈 때에는 유모차에 태우면 아이와의 거리가 너무 멀어 대화하기가 힘들어져서 어깨가 아파도 꼭 아기띠나 포대기를 하고 나갔습니다. 요즘은 아이의 눈높이에 맞추어 눈맞춤을 할 수 있는 높이의 유모차가 흔하지만 그 당시만 해도 높은 유모차가 그리 많지 않았습니다. 산책하는 동안 아이에게 이것저것 눈에 보이는 것을 설명해주면 아이는 대답이라도 하듯 옹알옹알했습니다. 저의 적극적인 노력 덕분인지 둘째아이는 정말 말을 잘했지요. 지금도 어찌나 저의 제안이나 질문에 요목조목 근거를 대는지 제가 말문이 막히는 판국입니다.

하브루타하는 엄마가 되는 첫 번째 시도는 바로 일상에서 아이와 적극적으로 대화하려고 끊임없이 노력하는 것입니다. 주변의 무엇이든지 어떤 상황이든지 대화거리가 될 수 있습니다. 유아라면 "하늘이 유난히 파랗네. 파란 하늘이 뭐처럼 느껴지니?", "간판 좀 봐 참 이쁘다. OO는 무슨 뜻일까?", "저기 꽃 좀 봐. 너무 이쁘다. 안녕! 꽃이 은이한테 뭐라고 인사하는 것 같니?" 같이 엄마가 끊임없이 아이와 대화하려 하면 이야깃거리가 무궁무진합니다. 아이들이 큰 지금은 그때 그 시절이 그립기도 합니다. 아이와 쫑알쫑알 소소하게 대화하다 보면 정말 이쁘고 사랑스러울 때가 많으니까요.

딸아이와 이런저런 이야기를 나누면서 아이 마음에는 참 다양하고 신기한 생각이 많다고 느꼈습니다. 길을 가다가 보이는 모든 것에 궁금증을 갖고 자신의 생각을 표현하는 것이 참 기특하고 신기했습니다. 학교에 입학하고 등교하면서 길가의 묘지를 보고는 "무덤 속 할머니들이 외로우실 것 같아. 이제 매일 지나갈 때마다 이야기를 해주고 노래를 불러드려야겠어."라고 말하는 식이지요. 2학년 때 길을 가다가 꺼낸 딸아이의 말이 떠오릅니다.

은이: 엄마, 매연 때문에 지구가 아파하는 거 알고 있지?

엄마: 응, 그치.

은이: 그러면 하나님 마음도 아픈 거 알아?

엄마: 어? 그런가? 그런데 왜 갑자기?

은이: 지구가 하나님 마음이잖아. 그러니까 우리도 지금 하나님 마음을 밟고 있는 거야. 조심히 걸어야 돼.

저는 아이와 나눈 이야기를 그날그날 기록해놓곤 했습니다. 지금도 종종 들추어보는데, 아이가 커서 갈등이 생길 때 그런 소중한 기억, 추억의 말은 엄마로서의 나를 다시 한 번 돌아보게 하죠. 그리고 다시금 아이에 대한 사랑으로 마음이 가득 채워집니다. 사랑은 매일매일 채워가야 하는 거니까요. 아이와 일상에서 자주 질문을 던지고 이야기를 나누다 보면 어느새 아이 스스로도 질문을 던지고 있는 모습을 보게 됩니다. 다음은 딸아이가 2학년 때 쓴 질문으로 가득한 독후활동지와 제가 쓴 일기입니다.

얼마 전 은이 친구가 놀러왔을 때 함께 밥을 먹으며 은이와 은이 친구에게 내가 무슨 말을 하려고 하자, 은이가 친구에게 소곤소곤 말하기를 "있잖아, 우리 엄마 또 질문하려고 한다. 울 엄마는 만날 '~니?, ~니? ~니?' 이렇게 질문을 엄청 많이 해." 그러고는 나에게 "아, 엄마 또 질문하려고? 아, 나, 참, 정말 엄마는 못 말려." 라고 말을 맺는다. 내 참 웃음이 나와서 질문이 확 막혀버렸다.

그리고 금요일에 기분이 좋았는지 책을 읽고 컴퓨터에서 독후활동지를 뽑아 편지를 써놓은 은이의 '주인공에게 편지쓰기' 활동지를 보니 온통 질문으로 도배가 되어 있다. 뭐, 너도 그 엄마의 그 딸이지. 내일은 은이에게 엄마가 질문 많이 한다고 핀잔 준 걸 따져볼 생각이다. 그런데 한편으론 이런 은이의 모습이 귀엽고 감사하다.

2015년 4월 21일

아이와 질문하고 대화하려는 노력이 늘 제가 원하는 방향으로 되는 것만은 아닙니다. 뭔가 의미 있는 대화를 나눠보고 싶으나 전혀 뜻하지 않는 방향으로 전개되기도 하지요. 딸아이가 1학년 때 나눈 다음의 대화를 보면 도대체 그 맥이 어디에 있는지 종잡을 수 없습니다.

엄마 : 은아, 미라이짱 알아? (저는 미라이짱이라는 아이의 사진이 왜 그렇게 인기가 많은지를 은이와 이야기해보고 싶었습니다.)

은이 : 뭐라고? 미라?? (이렇게 화제는 전환됩니다.)

엄마 : 어? 응, 미라. 근데 미라가 뭐더라?

은이 : 그거 있잖아. 시체 칭칭 감아놓은 거. 그거 밤 되면 콩콩콩콩 나타난다. 그래서 사람들 막 잡아먹을 수도 있어.

엄마 : 어, 무섭다. 그런 사건이 있으면 얼른 가서 알아보고 사람들한테 알려줘야겠네.

은이 : 응, 엄마, (엊그제 종영한 뉴스 및 기자 관련 드라마를 떠올리고) 피노키오처럼. 엄마, 근데 박신혜랑 이종석이랑 예쁘게 결혼했잖아. 그거 왜 그런지 알아? 좋아해서 그래.

엄마 : 어? 어. 그래, 결혼했지.

은이 : 근데 가족끼리 결혼하면 안 되잖아.

엄마 : 응, 원래 입양한 아들이라 괜찮아.

은이 : 그럼 나도 오빠랑 결혼할래.

엄마 : 넌 안 되는 거야. 진짜 가족이잖아.

은이 : 근데 이종석이랑 박신혜는 왜 결혼했어?

엄마 : 할아버지가 파양을 해줘서 법적으로 가족이 아니니까 할 수 있었지.

은이 : 파양이 뭐야?

엄마 : 뭘까? 입양의 반대 의미겠지?

은이 : 응, 그래도 가족이었잖아. 그러니까 나도 오빠랑 결혼할래.

저는 아이와 함께 미라이짱이라는 아이의 사진이 왜 그렇게 인기가 많은지 생각을 나누며 우리가 살아가는 세상에 대한 이야기를 나누어보고 싶었는데, 전혀 엉뚱한 이야기를 나눴습니다. 그래도 그 순간 제가 의도했던 이야기가 아닌 아이의 흐름대로 흘러갔던 것이 나름 의미가 있었습니다. 저는 딸아이와 나누는 대화가 재미있었고, 아이는 자신이 하고 싶은 말을 할 수 있었으니까요.

일상에서의 하브루타를 좀 더 체계적으로 하고 그 기록들을 남겨보고 싶다면 활동지를 만들어도 좋습니다. 갑자기 활동지를 내놓으며 이것 하라는 식으로 제시하는 것이 아니라 아이와 하브루타를 하고자 시도하는 그 순간부터가 하브루타여야 합니다.

예를 들어 "○○아, 오늘 있었던 일 중에 어떤 일이 가장 행복했어?", "행복했던 일이 생각 안 나면 가장 기억에 남는 일 떠올려볼까?", "엄마는 우리 ○○가 무엇 때문에 그렇게 속상했는지 너무 알고 싶어.", "우리

일상 하브루타 활동지　　　　　일상 하브루타 활동지

하브루타하면서 속상한 마음 함께 풀어볼까?" 하고 아이의 상황에 맞는 질문을 던지면서 아이가 엄마와의 하브루타에 자연스럽게 참여할 수 있도록 합니다.

학교에서 선생님이 수업을 계획하고 실행할 때 중점을 두는 것 중 하나가 학습동기를 이끌어내는 것입니다. 갑작스레 수업을 진행하는 것이 아니라 아이들이 그 시간에 공부해야 할 내용에 대한 마음의 '끌림'이 일어날 수 있도록, 아이들이 공부하고 싶어지도록 의도적으로 동기를 부여하는 것입니다.

QR코드로 첨부한 일상 하브루타 활동지를 짬이 날 때마다 엄마도 아이와 함께 한 번 해보세요. 활동지를 활용하면 그 자체가 아이 성장의 역사와 기록이 됩니다. 제가 학교에서 학생들과 일상 하브루타 활동지를 활용하여 하브루타할 때는 친구가 쓴 글에 대한 질문을 만들어주기도 했습니다. 아이와 하브루타하며 활동지를 활용할 때 엄마도 함께하면 아이는 훨씬 즐거워합니다. 엄마도 글을 쓰고 함께 질문을 만드는 것이지요. 학교에서 아이들과 어떤 활동을 할 때 선생님도 그 활동에 참여하면 아이들은 훨씬 재미있어하고 더 열심히 합니다. 어린 자녀와 함께 도서관에 갈 때 엄마가 옆에서 책을 읽으면 아이가 자연스레 책을 읽는 것처럼 말이지요.

　일상에서의 하브루타는 아이의 연령이 어릴수록 더욱 의미가 있습니다. 부모가 건네는 말의 양과 질이 아이의 언어 표현 능력과 깊은 관계가 있기 때문이지요. 부모가 많은 양의 언어 인풋을 주고 고급 어휘를 사용할수록 아이의 언어 능력 또한 그에 걸맞게 발달합니다. 저도 딸아이가 최대한 정돈된 언어 환경에 노출되고 생각을 확장할 수 있도록 떨어져 있을 때에도 문자를 통해서 생각을 묻곤 했습니다.

엄마 : 은아, 6시 45분 비행기인데 지금도 출발 못했어. 누가 안 와서 한참 기다리다가 그 사람이 안 와서 그 사람 짐을 내렸고, 그동안에 비행기 날개에 눈이 쌓여서 그걸 제거하는 작업을 위해 순서를 기다리는 중이래.
그런데 그런 상황을 제대로 알려주지 않는다고 몇몇 분은 막 화내고 계셔. 스튜어디스들도 기장님으로부터 듣는 거라서 대답을 제때에 못 준 거고. 이런 상황에서 은이가 승객이라면 어떤 태도를 취할 것 같아?

은이 : 엄마, 저는 어떻게 할 거냐면요. 화내는 사람들에게 "그만하세요!"라고
　　　말할 거예요.

　초등학교 시기에도 끊임없이 언어가 발달하기에 부모가 일상 속에서
실천하는 하브루타는 큰 의미가 있습니다. 일상을 물어봐주면 아이는 부
모가 자신을 늘 정서적으로 지지해주고 있다는 느낌을 받습니다. 부모도
아이도 서로의 마음을 알아갈 수 있는 시간이 공유되기에 서로의 관계는
좋아질 수밖에 없습니다. 물론 서로 간에 종종 발생하는 갈등을 질문하
고 대화하며 잘 풀어나가려고 끊임없이 노력한다는 전제하에 말이지요.
　일상에서 일어나는 여러 가지 문제 상황에 대해서도 하브루타를 통해
풀어가려는 습관이 형성되면 우리는 생각보다 마음의 여유가 생기고 더
나아가서는 행복에 한걸음 더 다가가게 됩니다. 첫째아이가 중학생 때
늘 지각할 것처럼 늦게 일어나고 부랴부랴 나가는 모습을 보면서 한마
디하고 싶은 마음이 굴뚝같았지만 꾹 참았습니다. 그리고 지각과 관련한
하브루타를 하려고 노력했습니다. 지각을 하면 왜 안 좋은지, 왜 자꾸 늦
게 일어나게 되는지, 어떻게 하면 지각을 안 할 수 있는지 등에 대해 아
이의 생각을 물어가며 대화를 나누는 것이지요.
　그런 습관이 단번에 고쳐지는 것은 아닙니다. 그러나 아이의 늑장 부
리는 습관에 대해 지시하고 꾸짖는 상황이 계속되면 결국 남는 것은 아
이 마음의 상처와 부모의 미안한 마음뿐입니다. 사람은 자신이 스스로
느껴야 진정으로 행동을 수정하는 법입니다. 비록 그것이 몇 년이 걸린
다 할지라도 말이지요. 타인의 지시와 강요에 의한 행동 수정은 일시적

이 될 가능성이 많습니다. 설사 행동이 수정되었다고 해도 그것이 진실로 삶의 변화로 나타나기 위해서는 결국 스스로 느끼는 마음의 움직임이 있어야 합니다.

저도 너무 심각한 경우에는 특단의 조치를 취했습니다. 예를 들어 어딘가를 가야 하는데 자신이 늦게 준비해서 제 시간에 못 나오는 상황이 반복될 때에는 제 차를 태우지 않고 대중교통을 이용해서 가도록 했습니다. 그러나 그 경우에도 최대한 잔소리는 없애고 담담히 인내했습니다. 스스로 무언가를 느끼기 바랐던 것입니다. 그다음에는 오히려 토닥토닥 조용히 마음을 다독여주었습니다. 첫째아이는 고등학생이 된 지금도 느릿느릿 늑장 부리는 습관은 남아 있지만, 그래도 그것에 대해 자기 스스로 개선해야 함을 알고 더 노력합니다. 자신이 필요한 경우에는 엄청 일찍 일어나서 준비하고 나가지요.

아이를 키우다 보면 아이가 좀 고쳤으면 좋겠다 싶은 행동이나 습관이 있습니다. 그 모든 것에 대해 부모가 끊임없이 지시한다면 아이의 마음은 상처투성이가 될 것입니다. 오히려 그런 상황을 아이와 가까워질 수 있는 계기로 만들어갈 수 있습니다. 이때 아이와 하브루타를 통해서 무언가를 이루어내겠다는 마음보다는 아이와 더 행복해질 수 있기 위해 하브루타를 한 번 활용해보아야겠다는 가벼운 마음가짐이 좋습니다. 아이가 대화하기를 너무 완강하게 거부한다면 그것 또한 존중해주어야 합니다. 엄마는 살짝 반걸음 뒤로 물러서서 아이와 즐겁게 하브루타할 수 있는 또 다른 방법을 모색해보아야 할 것입니다.

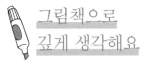

그림책으로 깊게 생각해요

그림책은 아이와 가장 쉽게 하브루타할 수 있는 매개체입니다. 아이를 키우는 엄마라면 대부분 그림책을 읽어주고 있을 테니까요. '책 읽어주기'의 중요성은 모두 너무나도 잘 알고 있죠. 잠들기 전에 읽어주는 책의 양이 아이의 독서력을 결정하는 잣대라는 말도 있습니다. 그러나 하루에 책을 단 몇 장밖에 읽어주지 못했다 할지라도 그 안에 담겨 있는 내용과 관련한 생각을 함께 공유할 수 있다면 그것이 오히려 아이에게 더 의미 있을 수 있습니다. 책의 내용만을 인풋하는 것이 아니라 그 내용을 통해 아이의 생각을 끌어내는 과정이 중요합니다.

그림책에는 작가의 깊은 생각이 담겨 있습니다. 문장 한 줄에 담은 작가의 생각보다 그림 안에 담은 생각이 더 풍성할 때도 있습니다. 그림책을 통한 대화는 아이들의 생각을 끌어내고 생각과 말을 연결하여 표현할 수 있는 기회를 줍니다. 누군가가 어떤 그림책으로 아이와 하브루타를 하며 굉장히 좋은 시간을 가졌다고 해서 그 책과의 만남이 내 아이에게도 동일한 의미를 지닐 것이라고 생각해서는 안 됩니다. 하브루타 중에 던지는 질문이나 주고받는 생각은 저마다 다르기 때문입니다. 엄마에게 좋은 책이 아이의 마음에도 반드시 와닿을 것이라고 생각해서도 안 됩니다.

누군가 앞서간 길은 한걸음 뒤에서 실천하는 이에게 좋은 예시가 될 수 있습니다. 다른 사람들이 제시하는 여러 예를 선행연구 삼아 살펴보고 그대로 따라 해본다면 실패할 가능성이 줄어듭니다. 그러나 아이들의 기질, 성격, 생각은 한 명 한 명이 다 다릅니다. 같은 뱃속에서 나온 아이들도 서로 다르지요. 앞서간 누군가의 길에 나의 입장과 생각을 더해 실천한다면 더 나은 길을 갈 수 있습니다. 엄마가 내 아이의 상황에 맞는 즐거움과 의미를 선사할 만한 그림책을 직접 찾아보는 것부터가 아이의 마음을 알아가고 배려하는 첫걸음이 아닐까요?

제가 3학년 아이들과 『생각이 커진 집』이라는 그림책을 가지고 함께 질문하고 대화를 나누어본 수업을 소개합니다. 그림책 한 권을 읽을 때 그냥 처음부터 끝까지 읽어주기만 한다면 그것은 '책 읽어주기'가 갖는 본질에 가까워질 수 없습니다. 독서의 궁극적 목적은 책을 통해 우리 삶에 대한 대화를 나누고 그 깨달음을 삶 속에서 어떻게 적용해나가야 할지 모색하며 실천해나가는 것이기 때문입니다.

이 책을 가지고 수업할 때 아이들에게 먼저 제 경험담을 꺼내며 대화를 시작했습니다. 어렸을 때 소풍 가는 날에 친구들은 모두 김밥을 싸 갔는데, 선생님은 엄마가 편찮으셔서 그냥 맨밥에 김치와 나물 반찬을 싸갔던 이야기를 들려주었습니다. 그때 제가 느꼈던 기분이 어땠을지 물어보고, 선생님과 비슷한 경험이 있으면 나누어보자며 수업을 시작했지요. 수업 속에서는 끊임없이 질문이 생겨납니다. 아이들뿐만 아니라 저에게도 마찬가지입니다. 물론 저는 아이들과 수업하기 전에 미리 핵심질문들을 생각해놓습니다.

엄마가 아이와 함께 그림책으로 하브루타를 할 때에도 마찬가지입니다. 아이와 그냥 막연히 시작하는 것이 아니라 엄마가 그림책에 관해 먼저 공부해야 합니다. 누군가에게 무엇을 가르치고, 무언가를 이끌어주기

줄거리:

모두가 똑같은 모양을 가진 집으로 이루어진 마을에 전혀 다른 모양을 가진 집이 등장하게 됩니다. 그로 인해 마을의 모든 집이 각자의 개성을 가진 집으로 변화되는 이야기입니다.

수업 흐름

-나만 다른 사람들과 달라 속상했던 경험 떠올리기(선생님의 경험을 먼저 제시)

-책 읽어주기

-책 읽어주는 사이사이에 아이들의 생각을 묻는 질문 던지기

-자신의 마음속에 생겨난 질문을 자신의 생각보드에 적어 칠판에 제시하기

-등장인물의 입장이 되어 자신의 마음을 나누어보기

위해서는 안내해주는 것 이상의 준비가 필요합니다. 아이와 함께 보는 쉬운 그림책이라는 생각으로 가볍게 생각할 것이 아닙니다. 엄마는 그 그림책에 나와 있는 본문 이상의 것을 공부하면서 엄마 나름대로 성장하게 됩니다. 아이의 배움과는 또 다른 양상으로 '엄마의 배움'이 있는 것이지요.

엄마의 배움은 아이와의 하브루타 시간을 훨씬 풍성하게 합니다. 예를 들어 그 작가에 대해 알아보고 책이 주는 의미를 스스로 하브루타해보며 작가의 다른 작품 세계도 알아보는 것입니다. 엄마의 배움만으로도 아이와 함께하는 그림책 하브루타는 의미가 있고, 때로는 그 자체로부터 만족과 위안을 느낄 필요도 있습니다. 아이가 꼭 내가 원하는 대로의 배움을 얻는 것은 아니기에 아이의 배움에 급급하다 보면 때로는 속상하기도 하니까요.

아이와 하브루타를 시도하고 무언가를 알려주고자 할 때 결코 뜻대로만 되지 않음을 이 세상 모든 엄마가 잘 알고 있습니다. 그럴 때 조급함을 내려놓는 연습을 우리는 매일매일 해야 하지요. 내려놓을 때 도리어 얻게 되니까요. 수업에서 다루었던 질문은 다음과 같습니다.

-나와 다른 사람의 상황과 생각이 다르다는 것은 어떤 의미일까요?
-작가는 책의 제목을 왜 '생각이 커진 집'이라고 지었을까요?
-사람들은 왜 수군거렸을까요?
-왜 사람들은 똑같이 덧창을 열고 닫았을까요?
-집주인의 마음은 어땠을까요?
-남들과 똑같이 행동하는 이유는 무엇인가요?
-그 집 대문이 열린 다음에 어떤 일이 일어났을까요?
-여행을 떠난 집주인은 그곳에서 무엇을 했을까요?
-이야기를 읽으며 생겨난 생각으로 어떤 질문을 만들 수 있을까요?
-집주인에게는 어떤 질문을 할 수 있을까요?

-여러분이 동네 주민이라면 그 집을 보고 어떤 생각을 가졌을까요?

-남들과 다르게 생각하고 행동해본 경험을 말해볼까요?

- 오늘 읽은『생각이 켜진 집』과 수업활동 속에서 어떤 배움이 있었나요?

그림책 하브루타를 할 때 어떤 틀과 절차를 꼭 따라야 하는 것은 아닙니다. 하브루타수업연구회의『질문이 있는 교실』에는 전성수 교수가 제시한 하브루타 수업모형이 실려 있습니다. 질문 중심 하브루타 수업, 논쟁 중심 하브루타 수업, 비교중심 하브루타 수업, 친구 가르치기 하브루타 수업, 문제 만들기 하브루타 수업이 있습니다. 저는 교실에서 학생들과 수업할 때 하브루타 수업모형을 적용하기도 하고 저만의 흐름으로 진행하기도 했습니다.

하브루타 수업은 다양한 해답을 찾아 길을 헤매어보는 것에 그 묘미가 있습니다. 때로는 제가 의도하지 않은 아이들의 생각에 전율을 느끼기도 합니다. 아이와 그림책으로 대화를 나누다가 생각지도 못한 아이의 대답을 듣고 감탄한 적이 누구나 있을 거예요.

예시로 언급한 질문 중에 어떤 질문은 모든 아이가 다 생각을 말해보기도 했고, 어떤 질문은 짝과 나누어보기도 했습니다. 엄마가 아이와 그림책을 읽으며 하브루타를 할 때에는 주로 엄마와 아이의 질문과 답이 오갑니다. 여러 친구가 함께할 때보다 아이에게 훨씬 더 집중할 수 있고, 아이의 생각 흐름을 더 깊이 있게 느낄 수 있는 점이 좋지요. 그러나 아이와 둘이서 하브루타를 하다 보면 다음과 같이 엄마가 의도하지 않은 상황이 생기기도 합니다.

(우리 아파트 단지 내에 있는 카페에 은이와 공부하러 나갔는데 어느새 은이는 스마트폰과 룰루랄라 놀고 있다. 연예인 동영상에 푹 빠져 있고 ①엄마는 그 모습을 이제 그만 보고 싶은 상황이다.)

엄마: 은아, 엄마랑 이 『생각이 켜진 집』 같이 읽고 이야기해볼래?

은이: 어, 이거 나 알아. ②도서관에서 읽어서 안 읽어도 돼요.

엄마: (잠깐 당황했으나 이 그림책이 주는 메시지에 대해 하브루타를 꼭 해보고 싶어서 계속 진행함) 그럼 이야기 다 생각나? 얘기해줄래?

은이: 어, 생각 안 나네. 다시 읽어봐야지. (그냥 혼자 읽음)

엄마: 은아, 작가는 어떤 말을 하고 싶었던 걸까?

은이: 다른 사람 그대로 따라 하지만 말라는 거죠. 그리고 누가 나 따라 해도 기분 나빠하지 말라는 거죠.

엄마: 나와 생각이 다른 사람들의 말을 들을 때는 어떻게 해야 할까?

은이: 당연히 존중해줘야죠. 의견이 다르다고 존중 안 해주면 안 되죠.

엄마: 음, 존중. 다른 사람의 의견을 존중한다는 건 뭐지?

은이: ③아, 뭐, 생각은 나와 달라도 그 사람의 말이나 의견 자체는 잘 들어주고 인정해주어야 한다는 거죠. (거의 엄마를 가르치는 분위기이며 점점 귀찮다는 듯이 말함)

엄마: 그러면 너도 아무 생각 없이 다른 친구들만 쫓아 따라 한 경험들이 있니?

은이: 아니, 난 당연히 없고 항상 내 생각대로 하지. OO가 만날 나 따라 해서 짜증날 때도 있어요.

엄마: 그래? 그럼 넌 이 책을 읽고 어떤 질문이 생겼니? 이번엔 네가 엄마
　　　한테 질문해볼래?

은이: ④엄마? 근데 나 이거 봐야 되거든? 그만 물어볼래요?

　일단 ①에서도 볼 수 있듯이 아이와 함께하는 엄마의 하브루타에 불순한 의도가 숨어 있습니다. 스마트폰만 하고 있는 모습이 마냥 보기 싫은 것이지요. 이러한 상황에서 아이를 배려하고 아이의 마음을 생각하는 그림책 하브루타를 할 수 있을까요? 절대 그럴 수 없습니다. 오히려 이러한 상황이라면 일상 하브루타를 통해 아이가 왜 지금 스마트폰만을 하고 있는지, 엄마는 아이에게 무엇을 바라는지, 왜 스마트폰만 계속하면 좋지 않은지 등에 대해 대화를 나누어보는 것이 더 좋겠지요. 대화 내용에 집중할 수 있고, 아이의 생각 흐름을 더 깊이 있게 느낄 수 있으니까요.

　②번을 볼까요? "도서관에서 읽어서 안 읽어도 돼요."라는 말에서 딸아이의 마음이 열려 있지 않음을 알 수 있습니다. 지금 영상 보는 것이 너무나도 재미있는데 엄마가 불쑥 내미는, 어쩌면 이미 읽어서 시시해 보이는 그림책으로 느닷없이 하브루타를 하고 싶을까요? 이럴 때는 오히려 아이가 보고 있는 영상에서 소재를 이끌어내는 것이 더 좋은 방법일 수 있겠지요. 아이가 집중하고 있는 영상을 콘텐츠로 하브루타를 하는 것입니다.

　이런 상황이니 ③번의 말에서도 알 수 있듯이 딸아이가 느끼는 귀찮음은 점점 더해갑니다. 아이가 공부를 하든 책을 읽든 그 과정이 의미를 지니기 위해서는 아이 스스로 그것에 대한 긍정적인 마음을 가지고 임해야

합니다. 물론 아이가 노는 것을 좋아한다고 마냥 놀게만 할 수는 없지만, 그래도 공부나 독서를 하도록 강제적으로 이끄는 것은 엄마에게도 아이에게도 결코 행복한 일이 아닙니다. 엄마가 권유하고 싶은 책이나 공부에 아이가 관심을 가질 수 있도록 지혜롭게 이끄는 연습을 해야 합니다. 다른 엄마들의 방법이 아닌, 내 아이에게 맞는 나만의 방식을 시행착오를 거쳐 터득해야 합니다.

④번에서 볼 수 있듯이 아이는 결국 엄마의 질문 공세를 거부합니다. 애초에 시작부터 자신의 자율성도 반영되지 않았고 관심사도 아니었으니 계속하기 싫은 거지요. 만일 제가 아이가 보고 싶었던 동영상을 다 보고 난 후 스마트폰에 대해 하브루타를 해보고 시작했으면 어땠을까요? 중간에 왜 하기 싫은지 마음을 물어보며 했으면 어땠을까요? 맛있는 간식을 먹으며 행복한 순간에 살며시 그림책을 소개히며 이야기를 나누었으면 어땠을까요? 잠들기 전에 조용히 읽어주며 도란도란 이야기를 나누었으면 어땠을까요?

엄마들은 아이의 교육에 대해서는 관심이 많지만, 정작 교육의 본질에는 관심이 없는 경우가 많습니다. 아이에게 무엇을 가르치고, 어떤 책을 읽게 하는 것에는 관심이 많으면서도 교육을 위해 내 아이의 마음을 좀더 알고, 아이를 정서적으로 지지하는 데에는 관심과 실천이 부족합니다. 저 또한 아이가 어렸을 때는 깨닫지 못했던 것을 아이들이 커가면서 깨닫곤 합니다.

공부를 잘하지 못하는 교실 속 아이일지라도 선생님이 그 아이를 잘할 수 있는 아이로 바라봐주면 1년 뒤 아이는 또 다른 모습으로 성장합니다.

아이의 마음을 읽어주고 긍정적으로 바라봐주는 것은 그 어떤 교육방법보다 더 중요합니다. 하브루타에 대해 공부하고 실천하기 위해 노력한다 해도 아이의 마음을 이해하지 않고 마냥 들이대는 엄마의 하브루타는 오히려 해가 됩니다. 우리는 아이의 마음이 행복해야 공부도 즐겁게 할 수 있다는 너무도 당연한 사실을 잘 알고 있으면서도, 정작 삶 속에서는 그것을 망각하는 순간이 많습니다.

사실 엄마가 생각하는 대로 늘 아이가 따라 주는 것도 아니고, 그래야 할 이유도 없습니다. 엄마가 아이와 그림책을 읽으며 하브루타를 꾸준히 하고 싶지만 자꾸만 엄마의 욕심이 앞서 아이의 마음을 알아주지 못하거나 자신이 생각한 대로 따라와 주지 않아 짜증나는 것도 당연한 일입니다. 그래도 엄마들은 아이와 무언가를 한다고 할 때 교육적으로 의미 있는 시간이 되도록 만들고 싶은 욕망이 있지요. 그럴 때 좋은 방법 중의 하나는 동네 아이들과 함께하는 것입니다.

3년 동안 육아 휴직을 하면서 딸아이와 친하게 지내는 동네 아이들을 모아 그림책을 읽어주고 독후활동도 하며 즐겁게 시간을 보냈습니다. 아무래도 직업이 교사인지라 학교를 쉬는 동안에도 제 안에 있는 교육 열정을 주체할 수 없어 아이들을 불러 그런 시간을 보냈습니다. 만일 내 아이와만 함께하는 그림책 하브루타가 꾸준하게 잘 안 된다면 아이 친구들을 불러 함께해보세요. 아이도 친구들도 너무너무 좋아할 것입니다.

더 나아가 아이 친구 엄마들과 자신이 잘할 수 있는 특기를 살려 그림책 하브루타와 연계된 활동을 돌아가며 해줄 수도 있습니다. 품앗이로 돌아가며 아이들과 함께한다면 서로 육아와 교육에 대한 이야기를 지속적으로 공유할 수 있습니다. 엄마들도 아이들과 함께 성장할 수 있으니 일석이조 아닐까요? 함께 커피를 마시며 일상을 나누는 것도 재미있지만, 아이들의 성장에 대해 함께 고민하고 재능을 나누는 시간 속에서 재미와 의미를 동시에 느낄 수 있을 것입니다.

다시 『생각이 켜진 집』그림책으로 돌아가 보겠습니다. 아이들의 질문들과 저의 질문들을 모두 다루거나 그에 대한 생각을 모두 찾아가보지 않아도 괜찮습니다. 단지 질문을 던져보는 것만으로도 아이들의 생각은 확장되어가니까요. 저는 아이들이 책 속 인물, 작가, 사물에 질문을 던지며 생각을 펼쳐나가고, 각기 그 입장이 되어 말해보는 시간을 가져보았습니다. 각 모둠별로 그 인물의 마음을 공감하며 대답해보는 시간을 통해 자신의 생각이 더 넓게 확장되는 것이지요. 그런 활동을 진행할 때에는 어떤 특별한 이름을 붙여주는 것도 좋습니다. 저는 '마음 인터뷰'라는 제목으로 아이들과 함께했습니다.

아이와 어떤 활동을 할 때는 먼저 시범을 보여주는 것이 좋습니다. 아이들은 엄마나 교사를 모델링함으로써 그 활동을 훨씬 더 잘 이해하고 실행할 수 있으니까요. 책 속 인물들에게 질문을 던져보라고 말하기 전에 저는 이런 질문을 인물들에게 던져보고 싶다고 말했습니다.

-(작가에게) 이 책을 통해 무슨 말을 하고 싶은 건가요?

-(집주인에게) 혼자 덧창을 닫지 않고 잔 이유는 무엇인가요?

-(동네 사람들에게) 집들이 변해간 모습을 보며 어떤 생각을 했나요?

-(생각이 켜진 집에게) 개성이 없고 똑같은 것들을 보면 어떤 생각이 드나요?

마음 인터뷰 활동지   마음 인터뷰 활동지

이렇게 예를 들어주면 아이들은 이것을 디딤돌로 삼아 나름대로 더 재미나고 신선한 질문들을 만들어냅니다. 틀에 박히지 않은, 어른들은 생각해내기 힘든 질문들을 만들어낼 수 있는 능력이 아이들에게는 있으니까요. 처음에는 즉흥적으로 질문을 만들어내기 힘들 수 있으니 QR코드로 첨부한 마음 인터뷰 활동지를 활용해서 질문 만들기 작업을 해보세요. 질문을 만드는 경험을 많이 하면 질문의 수준이 점점 향상됩니다. 제가 3학년 아이들과 수업할 때에는 활동지가 없이도 곧잘 질문을 했지만, 2학년 아이들과 수업할 때에는 질문 만들기를 어려워해서 활동지를 사용했습니다.

작품을 쓴 작가도 되어보고 책 속 인물들이나 사물이 되어보면서 아이들은 책 속에 담긴 작가의 생각을 읽고 자신만의 교훈을 끌어냅니다. 그 생각들이 비록 어른들이 보기에는 얕아 보이고 장난스럽게 느껴진다 할지라도, 그런 시간이 쌓여 한 달, 6개월, 1년이 지나면 아이들의 생각은 부쩍 성장할 것입니다.

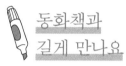

동화책과 길게 만나요

학령기가 되기 전에는 엄마가 읽어주는 그림책에 푹 빠져 있는 아이가 많지요. 책을 읽기 싫어하는 아이라도 누군가 읽어주는 이야기에는 귀를 쫑긋 기울이게 마련입니다. 학급에서 아무리 책 읽기를 싫어하는 아이라도 교사가 책을 읽어주면 눈을 동그랗게 뜨고 집중하여 이야기를 듣습니다. 가정에서 책을 읽어주는 엄마, 아빠는 아이에게 매일 소중한 선물을 주는 것이겠지요. 그런 시간은 아이의 평생 자산이 되는 독서력의 바탕이 되지요. 책 읽어주기는 부모가 아이가 어렸을 때 해주어야 할 중요한 일 중 하나입니다.

아이는 엄마가 읽어주는 그림책에 푹 빠져 책 속 그림의 변화와 이야기 흐름에 따라 마음속에서 상상의 나래를 펼칩니다. 그림책을 스스로 읽지 못하거나 아직 글이 적은 그림책만 더듬더듬 읽는 아이라도 엄마가 읽어준다면 긴 이야기책에 도전할 수 있습니다. 이는 아이를 그림책에서 글이 많은 동화책으로 연결해주는 징검다리가 되지요. 긴 동화책을 읽어줄 때 앉은 자리에서 모두 읽어야 한다는 부담을 가질 필요는 없습니다. 한 챕터씩 혹은 아이가 원하는 만큼 읽어주면 됩니다. 뒷이야기가 궁금하다며 다 읽어달라고 하는 아이가 있을 수도 있습니다. 어쨌든 글이 많은 동화책을 읽어줄 때에도 아이와 생각을 나누는 하브루타는 독서에 깊이를 줍니다.

책 읽기에 익숙한 아이라면 동화책 본문 중 일부를 큰소리로 읽어보게 하는 것도 좋습니다. 본문을 크게 소리 내어 읽는 것은 하브루타에서 중요한 과정 중 하나입니다. 하브루타 학습 기술에는 독해 연습, 대인 관계 연습, 자아 성찰 연습의 3가지가 있는데, 그중 독해 연습인 본문 반복해서 읽기, 본문 크게 소리 내어 읽기, 본문 풀어서 설명하기 등을 통해 학습자는 본문과 상호작용을 하게 됩니다. 자신의 생각을 끌어내기 위해서는 본문에 대한 깊이 있는 이해가 필요하니까요.

『만복이네 떡집』이라는 동화책으로 2학년 아이들과 책을 읽고 하브루타 수업을 진행한 과정을 소개합니다. 여유 있게 책을 읽고 책 속 내용과 관련한 재미있는 활동도 했습니다. 아이들이 만든 다양한 질문을 전시해 놓고 함께 하브루타 수업을 이어나갔지요. 이 책으로 프로젝트 수업을 진행하면서 어떻게 하면 아이들에게 더 의미 있는 시간으로 남을지를 고민했고, 각자 자신만의 프로젝트북을 만들어 차곡차곡 채워나가도록 했습니다. 자기만의 프로젝트북 표지 색깔은 아이들 각자가 스스로 선택하고, 표지 그림도 마음껏 표현하도록 했습니다. 만일 집에서 아이와 함께 『만복이네 떡집』으로 하브루타를 한다면 이 장 뒤에 QR코드로 첨부한 활동지를 다운받아 프로젝트북을 만들어보세요. 아이의 연령과 특성에 맞게 수정하면 더 좋겠지요.

육아에는 정답이 없습니다. 그러므로 누군가가 적용하여 효과를 거둔 방식을 똑같이 적용했다고 해서 결코 같은 결과를 얻을 수 없습니다. 아이마다 적용해야 할 방법이 다르고, 똑같은 아이일지라도 상황과 맥락에 따라 또 달라집니다. 해마다 새로운 아이들을 만나면서 느꼈던 것은 결코 똑같은 아이가 없다는 것입니다. 매년 아이들과 관련하여 새로운 배움을 얻으면서 아이들을 교육하는 엄마와 교사는 정말 끊임없이 공부하고 연구해야 함을 느꼈습니다. 초등교사는 8살에서 13살의 학생들을 번갈아가며 만나지만, 엄마는 아이가 태어나 성인이 되는 순간까지 늘 새로운 나이의 자녀를 만나니 엄마 공부는 더 심오해야겠지요. 교육 자료에 내 아이를 맞추는 것이 아니라 내 아이에게 자료를 맞추어야 합니다. 그럴 수 있도록 엄마는 끊임없이 아이를 관찰해야 합니다.

『만복이네 떡집』으로 의미 있는 하브루타 수업을 진행하기 위해 몇 주 동안 이어지는 고민의 시간이 필요했습니다. 차를 타고 운전하면서도, 세수하면서도, 걸어가면서도 끊임없이 생각했습니다. 어떤 프로젝트를 하나 진행하기 위해 아이디어를 생산해내는 과정은 실로 고민의 연속입니다. '이렇게 해볼까?', '저렇게 해볼까?', '그건 너무 시시해.', '뭔가를 만들면 애들이 재미있어할 것 같아.' 등 여러 생각이 머릿속을 지나갑니다. 다른 선생님에게도 묻고, 우리 반에서 늘 함께해주던 협력교사와도 끊임없이 고민했습니다. 그런 시간을 거쳐 수업의 흐름이 완성되지요. 또 아이들의 의견을 묻고 수업을 함께 진행하면서 수정을 반복합니다.

제가 휴직했던 시절에 동네 아이들을 모아 그림책을 읽어주고 이야기를 나누며 다양한 활동을 진행할 때에도 전날은 하루 종일 '내일 수업 어떻게 하지?'를 고민했습니다. 빨래를 개고 청소를 하면서도, 요리를 하면서도 어떻게 교육활동을 구성해나갈지 계속 생각했지요. 신기하게도 생각은 생각을 낳아서 끊임없이 고민하고 뇌를 가동시키다 보면 어느 순간에는 '헉, 내가 이런 생각까지 하다니 신기하다!' 하고 스스로가 뿌듯해지는 때도 있습니다. 바로 아이들을 위한 최적의 수업방법 중 하나를 생각해낸 때이지요. 그렇게 준비한 수업은 더 열정적으로 진행할 수밖에 없습니다. 선생님이 심혈을 기울여 준비한 수업은 아이들도 몸과 마음으로 느낍니다. 만일 그것이 아이들과의 협의과정을 통해 만들어낸 수업이라면 더 말할 것도 없겠지요.

2학년 아이들과 『만복이네 떡집』을 읽고 그 이야기가 주는 메시지를 깊게 고민해보기 위해 저는 '떡집의 비밀을 찾아라!'라는 프로젝트명으로 다음과 같이 수업을 구상했습니다.

학습 주제	'떡집의 비밀을 찾아라!'프로젝트 활동
『만복이네 떡집』 책과 친구 되기	-표지그림 읽기 -5~27쪽 읽어주고 질문 던지기 -다음 이야기 예상하기
일이 일어난 순서대로 말하기	-28~53쪽 읽어주고 쏙쏙 질문(사실 질문) 만들기 -쏙쏙 질문으로 퀴즈쇼하기 -일이 일어난 순서대로 요약하여 말하기
자신의 생각을 표현하며 대화 나누기	-곰곰 질문(생각 질문) & 라면 질문(적용 질문) 만들기 -질문에 대한 생각나누기
우리만의 비밀 떡 만들기	-떡집 만들기 -모둠별 떡 파워 연구하기 -아이클레이로 책 속 떡 만들어보기
책의 내용을 실천하며 느낀 감정을 표현하기	-밥으로 '말의 힘'실험하기 -실험과정과 느낌 나누기
일이 일어난 차례를 생각하며 동시 쓰기	-책을 읽고 친구들과 활동하며 마음에 떠오 른 생각을 동시로 나타내기 -친구들 작품 감상하고 칭찬의 말 써주기
책 속 인물의 마음을 짐작하여 말하기	-자작 동시 낭송해주기 -질문 만들어 마음 공감 인터뷰하기 -인물의 마음 표현하기
작가의 마음을 떠올리며 편지 쓰기	-작가에게 편지 보내기

　　아이들은 신기하게도 공부를 다른 용어나 방법으로 접근하면 새로운 눈으로 바라보고 즐거운 놀이처럼 생각합니다. 『만복이네 떡집』을 함께 읽으며 내용에 관한 질문, 생각을 이끌어낼 수 있는 질문을 만들어가면서 아이들은 게임처럼 느껴지는지 마냥 재미있어했습니다. 이 책과 함께

하는 2~3주 동안, 아니 그 프로젝트가 끝난 후에도 만복이와 그 주변 인물들, 떡들에 빠져 있었지요. 교실 창가를 『만복이네 떡집』과 관련된 아이들의 작품 및 결과물로 채워놓으니 아이들은 매일 만복이와 함께하는 느낌이었을 거예요.

국어 시간에는 『만복이네 떡집』과 관련된 질문을 만들고 이야기를 요약하며, 아이들이 만든 질문들로 수업을 이끌어나갔습니다. 통합시간에는 떡을 만들고, 창의적 체험활동 시간에는 말의 힘과 관련된 실험을 했지요. 그 과정 속에서 아이들의 마음속에는 예쁘고 고운 말을 사용해야겠다는 생각이 부쩍 자랐던 것 같습니다. 바로 『만복이네 떡집』이 주는 메시지였지요. 나중에 프로젝트를 마친 후의 소감을 나누다 보니 지금도 충분히 예의바르고 고운 언어를 사용하는 친구가 앞으로 더 친구들에게 친절하고 배려를 잘하겠다는 말을 들으며 제 마음속에는 '헉! 도대체 어디까지 더 배려하겠다는 건지….'라는 생각이 들면서 웃기도 했습니다.

일이 일어난 순서대로 요약하는 활동도 그냥 책을 읽고 요약하자고 하면 하기 싫은 일이 될 텐데, 자기만의 프로젝트북과 연계하니 즐거운 일이 되었습니다. 재미있는 장면을 떠올리면서 함께 이야기 나누고 요약하며 고사리 같은 손으로 꼬물꼬물 열심히 적어나갔습니다. 자신만의 책이니 예쁘게 적고 싶었나 봐요. 서로 원하는 인물이 되어 모둠 친구들끼리 인터뷰하는 수업시간에는 서로 배려하며 역할을 정하기로 약속했습니다.

그런데 한 모둠에서는 2명의 친구가 서로 만복이가 되고 싶어 속상한 나머지 고개를 푹 숙이고 있었습니다. 결국 그 모둠에서는 2명이 함께 만복이 역할을 하기로 했지요. 평소에는 너무나 씩씩하게 발표를 잘하는 아이가 만복이가 늦게 돼서 슬픔에 잠긴 표정으로 모기 소리만큼 작게 발표하는데 안타깝기도 했지만 왜 그리 귀엽던지요. 그만큼 책과 책 속 인물의 역할에 몰입해 있었다는 것이겠지요.

'떡집의 비밀을 찾아라' 프로젝트를 마무리하면서 아이들과 함께 소감을 써보고 김리리 작가에게 하고 싶은 질문도 함께 모아보았습니다. 김리리 작가는 바쁜 와중에도 우리 반 아이들의 편지에 답장을 해주었습니다. 그 답장을 읽어줄 때 아이들의 얼굴에 떠올랐던 해맑은 미소는 지금도 행복한 기억으로 남아 있습니다. 다음은 김리리 작가에게 보낸 편지 중 일부입니다.

리리 작가님 덕분에 아이들과 너무나 행복하고 멋진 추억을 만들었습니다. 프로젝트의 마지막 시간에는 각자 '떡집의 비밀을 찾아라!' 프로젝트에 대해 소감을 쓰고, 작가님께 묻고 싶은 질문을 나누었어요. 그리고 제가 아이들의 이야기를 작가님께 꼭 전해드린다고 약속을 해버렸네요. 아이들의 목소리 조금만 들어보실래요?

김리리 작가님, 왜 이 책을 만들었나요?
작가님은 어떻게 이렇게 신비한 이야기를 만들었나요?
왜 만복이라고 이름을 지었나요?
어떤 마음으로 이 책을 썼나요?
작가님은 몇 살이세요?
만복이는 공부는 잘하는데 왜 나쁘게 나오나요?

이렇게 긴 책을 만들 때 기분이 어땠나요?

왜 책 속에 떡집을 등장시켰나요?

책을 쓸 때 피곤했나요?

왜 만복이가 친구들을 괴롭히게 설정했나요?

만복이는 왜 나쁜 말을 하나요?

스토리가 탄탄한 동화는 아이들의 마음을 이끄는 힘이 있어서 즐겁게 공부하고 대화할 수 있는 기반을 마련해줍니다. 좋은 동화를 콘텐츠로 하브루타를 하면 교육적으로도 의미 있으면서 재미있게 진행할 수 있습니다. 또 아이들의 의견을 반영하여 계획을 짜고, 아이들의 생각을 물어가며 수업상황을 이끌어가는 것은 아이들이 싫어하는 공부와 친해지도록 만드는 방법 중 하나입니다. 아이가 그림책뿐 아니라 글이 많은 동화책에 관심을 가지길 바란다면, 엄마가 재미있게 그 책과 관련된 프로젝트를 구성하여 천천히 긴 호흡으로 읽어주기를 진행해보세요.

엄마나 교사가 바라는 대화의 흐름이 아닐지라도 아이들이 꺼내는 질문이나 말의 흐름을 따라가는 것은 굉장히 큰 의미가 있습니다. 어른이 주도하는 질문이 아닌 아이들의 질문에서 이야깃거리를 꺼내 계속 이어가는 것이지요. 그것만으로도 아이들은 질문 스트레스를 받지 않고 자연스럽게 말을 이어나갈 것입니다. 때로는 엄마가 던진 질문에 대답을 못하기도 하고, 질문을 던져보라고 했는데 생각을 말하기도 하며, 전혀 엉뚱한 대답을 하기도 합니다. 그렇지만 그런 과정 자체가 성장입니다. 『만복이네 떡집』을 마무리해가는 과정에서 아이들과 나눈 대화를 살펴볼까요?

은도토샘 : 선생님이 여러분의 이야기를 듣다 보니까 굉장히 마음에 와닿는 내
　　　용이 하나 있었어요. 만복이가 되어보니까 애들이 자기를 싫어한다는 것을
　　　알았대요. 혹시 여러분도 좋지 않은 말을 써서 친구들이 싫어한 경험이 있었
　　　는지 떠올려보세요. 떠올려봤나요? 이야기해볼까요?

학생들 : ①(대답 없음)

은도토샘 : ②그러면 친구들의 이야기를 듣고 선생님과 이야기를 나누면서 자
　　　기 마음속에 떠오른 질문이 있나요?

학생1 : ③제가 만복이가 되어보니까 나쁜 말을 하면 친구들이 싫어한다는 것
　　　을 알았습니다.

학생2 : 저는 '만복이가 왜 친구들을 때렸을까?'라는 질문이 떠올랐습니다.

은도토샘 : ④만복이가 친구를 왜 때렸을까요? 때리고 싶은 마음이 원래 있었
　　　을까요?

학생3 : 아니오. 참고 있었는데 갑자기 주먹이 날아갔어요.

은도토샘 : 여러분도 그런 적이 있지요. ⑤어, 그런데 우리 OO가 더 하고 싶은
　　　말이 있었던 것 같아요.

학생3 : 저는 다른 친구들이 놀렸을 때 당당하게 말해야겠다고 생각했습니다.

학생4 : 저는 다른 반 애들이 저에게 욕을 하니까 저도 화나서 욕이 나왔어요.

은도토샘 : 그래요. 지난 번에 누군가 OO가 욕을 했다고 선생님에게 일렀지만,
　　　선생님이 자세히 들어보니 OO가 화가 날 만했어요. 그래서 그런 상황을 잘
　　　살펴볼 필요가 있어요.

　　①의 상황은 제가 질문한 것에 대해 아이들이 전혀 답할 준비가 안 되

어 있거나 말하기 싫은 분위기였습니다. 아직 어린 2학년이라도 어쩌면 자신이 창피할지도 모르는 경험을 친구들 앞에서 말하고 싶지 않은 게 당연하지요. 저는 아이들의 말로부터 질문을 이끌어낸 것이지만, 아이들이 아직은 마음을 털어놓을 수 없는 상황이었습니다. 그래서 저는 재빨리 ②번과 같이 질문을 수정했습니다. 아이들의 마음에 떠오르는 질문을 묻는 것이지요.

그런데 또 제 생각과 달리 어떤 친구가 ③번과 같이 질문이 아닌 그냥 자기의 생각을 이야기하기도 합니다. 아이들의 반응은 이렇게 제 생각을 비껴갈 때가 많습니다. 그래서 가르치는 입장에 있는 사람은 늘 학습하는 사람의 반응과 태도에 심적인 여유를 가질 필요가 있습니다. 이끄는 자의 바람대로 되지 않는 상황이 수두룩한데 그때마다 좌절하거나 속상해하면 아이들은 즐겁게 배울 수 없습니다. 엄마와 아이가 대화를 나눌 때도 늘 기억해야 할 것이 아이의 마음 상태입니다.

④번의 경우는 아이의 질문을 그대로 이어 이야기해나갈 수 있습니다. 아이들과 나누고 싶은 이야기를 적절하게 이끌어낼 수 있는 질문을 누군가가 던진 경우는 앞에 있는 교사도 참 기분이 좋고 행복하지요. 가르치는 사람도 행복하고 배우는 사람도 행복해야 배움의 과정이 즐거운 것입니다. ⑤번처럼 무언가를 이야기하고 싶었던 아이의 모습을 간과하지 않고 더 표현할 수 있는 기회를 준 것도 그런 이유에서입니다. 수업 속에서, 내 아이와의 대화 속에서 아이의 눈빛과 마음을 놓치지 않는 것이 행복한 대화를 이어갈 수 있는 방법입니다.

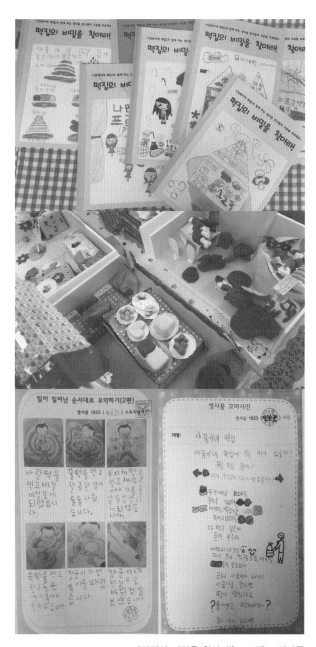

'떡집의 비밀을 찾아라' 프로젝트 결과물

만복이네 떡집

'떡집의 비밀을 찾아라!' 프로젝트 결과물

첫째아이가 그림책에서 동화책으로 넘어가던 시절에 읽어주었던 책 중 『멋진 여우씨』가 있습니다. 그 책을 읽어주는 동안 아이는 한동안 여우씨 캐릭터에 빠졌지요. 그래서 틈만 나면 멋진 여우씨에 대해 이야기를 했습니다. 그렇게 이야기에 푹 빠져들었는데 좀 더 이야기를 나누고 물어봐주지 못했습니다. 지금 돌이켜보면 너무 후회되지요. 어쩌면 그러한 후회가 지금의 저로 하여금 이러한 글을 쓰게 하고 있는 것인지도 모르겠습니다. 아이를 키우는 엄마들이 저처럼 후회하지는 않도록 말이지요.

첫째아이 양육에서의 실수와 아쉬움이 둘째아이에게는 좀 더 좋은 엄마가 될 수 있도록 노력하게 만든 밑거름이 되었습니다. 저 또한 엄마로서, 교사로서 성장할 수 있었죠. 실패가 늘 슬픔은 아닙니다. 지금까지 부족했더라도 이 순간부터 다시 아이의 눈빛을 보면서 동화책을 읽어줄 수 있다면 다시 시작할 수 있습니다. 궁금한 질문을 끄집어내고 물어봐주면서 이야기 속의 세계를 함께 느끼고 경험할 수 있도록 도와준다면 아이는 더 행복하게 자랄 수 있을 것입니다.

하브루타 대화법 TIP

✽ 책을 읽고 마치 책 속 주인공이 된 것처럼 해주세요.

아이들은 놀이를 좋아합니다. 사실 수업을 할 때 재미없는 내용도 마치 그것이 놀이인 것처럼 '위장'해서 제안하면 아이들은 놀랍게도 흥미를 보이고 집중을 하게 되지요. 책을 읽어주었는데 아이가 너무 재미있어한다면 그 책의 주인공이 되는 시간을 주세요. 쪽지에 이름만 써주어 이름표처럼 붙여주어도 좋아한답니다. 그러고는 주인공이 된 소감을 묻는 거지요.

— ○○야, ○○가 되어보니 어떤 생각이 들어?

— 너라면 아까 그 상황에서 어떻게 행동했을 것 같니?

04

담고, 나누고,
기회 주기

당신 또한 한 편의 시가 된다.
-월트 휘트먼(Walt Whitman)

마음을
시에 담아요

저는 시를 좋아합니다. 구구절절 긴 말로 늘어놓지 않아도 내 마음을 뭉뚱그려 최소한의 말에 담아놓을 수 있는 점이 참 매력적입니다. 그렇게 내 마음을 소소히 풀어놓을 때 잔잔한 행복을 느낍니다. 러시아에서 빅토르 쉬클로프스키(Victor Shklovsky)가 처음 주창한 '낯설게 하기(defamiliarization)'라는 개념이 있습니다. 익숙한 사물을 낯선 시선으로 바라보면 그 사물이 담고 있는 본질을 볼 수 있다는 의미입니다. 시는 그 역할을 수행하는 도구 중 하나입니다.

아이들은 '낯설게 하기'의 선수 같습니다. 어떤 소재나 주제에 대해 어른인 저는 절대 생각해내기 힘든 표현을 끄집어냅니다. 적어도 낯설게 보는 데는 아이들이 어른의 선생님이라는 생각이 듭니다. 시를 처음 쓰는 저학년 아이들은 행과 연도 구분하지 않고 그냥 마음 가는 대로 씁니다. 꾸밈도 과장도 없이 있는 그대로의 마음이 담겨 있기에 진정성도 느껴집니다.

아이와 하브루타할 때 시를 활용하면 좋습니다. 마음을 나누고 생각을 나눈 후 시 안에 담는 것이지요. 생각 나눔 과정을 거쳐 시를 쓰면 바로 쓰는 것보다 훨씬 더 풍성한 시를 쓸 수 있습니다. 대화 내용을 마음속에서 정리하는 작업이 시로 연결되는 것입니다.

화창한 봄날, 3학년 아이들과 미술시간에 자연에 대한 추억을 주제로 질문하고 대화하며 작품활동을 준비했습니다. 벚꽃의 아름다움, 가족들과 자연 속으로 놀러갔던 이야기, 교실 안 화분 이야기, 봄에 잠자리를 봤다고 무용담처럼 말하는 아이의 이야기…. 그렇게 자연과 함께한 기억을 나누면서 하브루타를 했습니다. 수업 전에 제가 먼저 자작시를 들려주었습니다.

살포시 날아든다
멀리서 날아온 민들레 홀씨처럼

내 마음 속에 살며시 내려 앉는다
수줍은 새처럼

따사로운 빛이 좋다
내 마음을 빛나게 하는

훌훌 어디론가 발걸음을 향하게 한다
정처없는 나그네처럼

예쁘게, 따뜻하게, 자유롭게
봄이 내게 찾아왔다

그다음에는 아이들이 시를 지었습니다. 아이들은 종이 액자에 고사리 같은 손으로 써내려갔습니다. 교사가 그냥 봄에 대한 시를 써보라는 것과 그 주제에 대해 함께 이야기를 나누고 시를 쓰는 것은 다릅니다. 대화를 통해 아이들의 마음 상태가 달라집니다. 저는 수업시간에 무언가를 배우고 그것을 돌아보는 방법 중 하나로 짝 혹은 모둠 친구와 생각을 나누며 하브루타한 후 시를 쓰는 방법을 자주 활용했습니다. 제가 질문을 던지고, 서로 질문을 나누며 이야깃거리를 풍성하게 만든 후 그것을 시로 나타내는 것입니다. 시는 우리가 나누는 하브루타를 눈에 보이는 형태로 완성해줍니다.

아이들과 생명의 소중함을 생각해보기 위해 3학년 아이들과 생명 존중 관련 동영상을 보고 하브루타한 후 시를 쓰는 시간을 가졌습니다. 한 아이는 "하브루타를 하면 글을 뭐라고 쓸지 생각이 솔솔 나요."라고 말하며 시를 썼지요. 아이들은 보통 글쓰기를 귀찮아하고 싫어하지만 하브

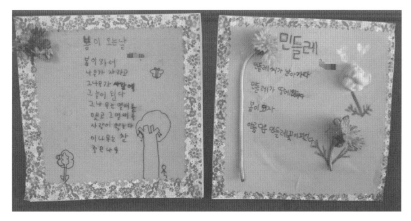

루타를 하고 나서 글을 쓰면 생각하기를 덜 부담스러워합니다. 생명 존중과 관련한 시 쓰기 수업은 다음과 같은 순서로 진행했습니다.

①생명존중과 관련된 동영상 보기(지식채널e 「누렁이를 위하여」 활용)

②느낀 점을 짝과 나누기

③느낀 점에 대한 전체 하브루타하기

④2가지 질문에 대해 짝과 하브루타하기

  -왜 동물이 소중할까?

  -우리가 동물을 사랑하기 위해 무엇을 실천할 수 있을까?

⑤질문에 대해 전체 하브루타하기

⑥나눈 이야기를 생각하며 시 쓰기

⑦음악과 함께 시 나누기(느낌 발표 및 질문 나누기)

그날의 주제와 관련하여 친구들과 생각을 나누며 질문을 통해 깊이 있게 하브루타한 후 시를 쓰는 것입니다. 이런 방식으로 시와 글쓰기에 다가가면 아이들은 '글쓰기'에 대한 막연한 부담감을 조금 덜게 됩니다. 자신이 생각하고 말하는 것을 그대로 글로 표현하면 되니까요.

언젠가 딸아이가 엄마, 아빠에게 속상하고 서운한 마음을 표현하다가 전부 표출하지 못했는지 「나 자신의 슬픔」이라는 시를 써서 툭 던져놓은 적이 있습니다. 자신은 너무 슬프고, 왜 슬픈지를 계속 생각하고 있다는 내용이었습니다. 말로 표현한 것을 시로 마무리하는 과정은 아이들로 하여금 생각을 정리하게 하는 효과를 거둘 수 있습니다. 딸아이도 결국 시의 끝부분에서는 자신의 모습을 돌아보며 마무리했습니다.

나 자신의 슬픔

은

나는 슬프다
나 자신을 달래주고 싶다
난 왜 슬플까

이 시를 쓰며 이유를 생각한다
난 왜 슬플까
난 왜 슬플까

기쁠 때도 있지만

슬플 때가 있다

나도 슬프지만

엄마와 아빠가 더 슬플 것이다

이런 게으름뱅이 딸을 두고 있는 부모님을

조금이라도 기쁘게 해드리고 싶은 마음

이젠 노력할 것이다

노력하는 멋진 딸이 되고 싶다

아이와 함께 하브루타한 후 짧게라도 시를 써보세요. 엄마도 함께 말
이지요. 그리고 음악을 배경 삼아 시를 낭송해보는 시간을 가져보세요.
아이의 생각이 주는 감동은 배가 될 것입니다. 아이의 표현력이 자라나
는 것은 덤이겠지요. 아이들은 쑥스러워하면서도 은근히 그 시간을 즐기
고 좋아합니다.

체험의
추억을 나누어요

아이들이 어렸을 때는 이리저리 많이 데리고 다녔습니다. 아빠가 주말에도 일이 있어 늘 저 혼자서 데리고 다녔지요. 아빠가 바빠서 함께 못해주는 만큼 저라도 더 많은 것을 보여주고 싶어서 국내로, 때로는 해외로 두 손을 꼭 붙들고 다녔습니다. 둘째아이가 1학년 때 아이 둘을 데리고 베이징의 지하철을 타면서 밀려드는 인파에 혹여나 아이들을 잃어버릴까 염려하며 캐리어와 두 아이 손을 꼭 잡았던 기억이 생생합니다. 그렇게까지 고생해가며 데리고 다녔던 것은 아이들에게 하나라도 더 경험하게 하고 싶은 마음 때문이었지요.

아이를 키우다 보면 정말 마음에 꼭 간직하고 싶은 추억이 있습니다. 자녀가 커서 사춘기를 겪고, 때로는 부모로서 자녀와의 관계로 마음이 힘들 때 그 추억들이 도움이 되는 경우가 종종 있습니다. 그냥 마음속 기억으로 담아두어도 좋지만 그곳에서 했던 일, 아이와 나눈 이야기 등을 일기로 남겨두면 마음의 자산으로 남지요.

우리가 누군가와 여행했을 때 그곳의 아름다운 풍경이나 근사한 구경거리도 추억의 한 조각이 되겠지만, 그 장소를 더 의미 있게 해주는 것은 그곳에서의 경험입니다. 아이들은 특히 더 그렇습니다. 예를 들어 수학여행으로 경주를 다녀왔을 때 그곳에서 견학한 석굴암의 웅장함, 첨성대의 신비함은 친구들과의 추억과 엮이면 더 기억에 남기 마련입니다. 미술관, 박물관, 음악회 등에 아이들을 데려갔을 때 그곳에서 본 것, 들은 것은 그 자체도 의미가 있지만 부모와 함께 나눈 이야기, 분위기, 상황 등이 그 시간들을 더 가치 있게 해줍니다.

예를 들어 고흐 작품 전시회를 관람하러 간다면 미리 아이와 함께 빈센트 반 고흐가 어떤 화가인지 알아보고, 「해바라기」, 「별이 빛나는 밤」 등의 주요 작품을 한 번 보여주며 느낌을 이야기해본 후 전시회에 가면 아이와 할 이야기가 많아집니다. 아이와 함께 공유할 내용을 미리 만드는 것이지요. 그곳에서 단순히 작품만을 감상하는 것이 아니라 엄마와 이야기를 나누며 그 그림에 대한 느낌과 생각을 엮어가는 것입니다.

학교에서 체험학습을 갈 때도 마찬가지입니다. 3학년 아이들과 민속촌에 가기 전에는 조선시대의 의생활, 식생활, 주생활에 대해 충분히 알아봅니다. 옛날 사람들의 생활 모습과 오늘날 사람들의 생활 모습도 비교해보지요. 그런 시간을 가지고 난 후 민속촌에 가서 옛날 사람들이 살았던 집, 사용했던 그릇이나 물건, 입었던 옷 등을 보면 아이들은 너무나도 신기해합니다. 선생님이랑 공부하고 미리 알아보았던 것을 직접 눈으로 살펴보면 이야깃거리가 마냥 생겨나는 것이지요.

학교에서 아이들과 물놀이 체험학습을 가기 전에는 꼭 물놀이 안전교육을 합니다. 저는 물놀이하면서 물에 빠질 뻔했던 경험, 물이 깊어 무서웠던 경험, 뛰다가 미끄러질 뻔했던 경험 등 위험했던 순간을 함께 나누면서 안전교육을 시작하곤 했습니다. 또한 물놀이 안전과 관련한 동영상을 본 후 지켜야 할 안전수칙을 스스로 찾도록 하고 이야기도 나눕니다.

물놀이현장에서 안전수칙을 잘 지킬 수 있도록 뛰지 않고 사뿐사뿐 걷는 연습, 쥐가 났을 때 다리를 스트레칭하는 연습 등을 직접 해보기도 하지요. 그런 시간을 갖고 나서 물놀이를 가게 되면 현장에서 아이들은 안전수칙을 지키기 위해 조금 더 노력합니다.

물에서 신나게 놀면서도 선생님, 친구들과 함께 나눈 안전수칙들을 마음과 몸으로 기억합니다. 혹여나 위험해 보이는 상황에서는 아이들과 나누었던 안전교육 내용을 상기시킵니다. 그러면 그 물놀이 체험학습은 물놀이 안전에 대해서 기억하고 되새겨볼 수 있는 체험현장이 됩니다.

아이들이 체험하고 경험하는 모든 것은 재미있는 이야깃거리이며 신나게 하브루타할 수 있는 재료가 됩니다. 언젠가 어린이날을 보내고 학교에 온 아이들에게 "어린이날에 어떤 일이 있었니?", "무엇을 하며 보냈니?", "가장 기억에 남는 일은 무엇이니?" 등을 서로 묻고 하브루타를 하면서 이런 생각을 메모해둔 적이 있습니다.

누구든 자신의 이야기를, 스토리를 표현하는 것을 좋아한다는 생각이 들었다. 익숙하지 않을 뿐이지 다들 표현하고 싶을 것이다. 말로든, 글로든, 그림으로든. 처음에 생각이 안 난다는 아이들이 어린이날 했다는 일들이 뭐 그리 많은지…. 그 시간들을 돌이켜보며 한 번 더 기뻐하는 모습들.

사람은 누구나 자신의 이야기를 하고 싶어 합니다. 그 이야기를 소중하게 들어주는 누군가가 있는 것은 행복한 일이지요. 얼마 전에 가족이 함께 여행을 갔을 때 아들과 아빠는 자신들이 타고 싶은 기차를 타러 가고, 저와 딸은 둘이 그냥 길을 걸었습니다. 유명한 관광지도 아니고 딱히 구경거리가 있는 것도 아니었지만 딸아이와 저는 노래를 웃기게 개사해서 부르기도 하고 아이돌 이야기도 하면서 마냥 깔깔거렸습니다. 햇볕이 따가워 작은 양산에 둘이 꼭 붙어 딸아이가 좋아하는 가수 이야기를 들으며 재미있게 30분 정도를 걸었습니다. 살짝살짝 보이던 길가의 작은 풀과 고요히 흐르고 있던 개천의 풍경도 평화롭게 느껴졌습니다. 그 순간 참 행복하다는 생각을 했습니다. 사춘기 소녀라 때로는 제 마음을 힘겹게도 하지만 그래도 쫑알쫑알 이야기를 들려주는 아이가 있고, 내가 맞장구를 쳐줄 수 있는 마음의 여유가 있음이 참 감사했습니다.

저는 가끔 자녀와 의미 있는 대화를 나누고 싶은 생각이 자녀의 발걸음보다 너무 앞서간다는 생각이 들 때도 있습니다. 아이도 때로는 말하고 싶지 않을 때가 있고, 하브루타하고 싶지 않을 때도 있는데 엄마는 너무나 하고 싶은 것이지요. 그 반대일 때도 있습니다. 아이는 대화하고 싶어 하는데 엄마는 피곤할 때가 있습니다. 교육이 교사나 양육자의 계획적인 노력이라 할지라도 그보다 더 중요한 것은 아이의 마음이라고 생각합니다. 아이의 배움이 깊어질 수 있도록 이끄는 의도적인 계획이라도 아이의 마음을 바라보지 못하고 엄마만 앞서가려고 한다면 그것은 절름발이 배움일지도 모릅니다. 정서적으로 평안하고 행복한 아이가 더 잘 배울 수 있기 때문입니다. 순간순간의 배움을 나누는 과정에서 늘 아이의 마음을 우선한다면 우리 모두 어제보다 더 나은 부모로 성장할 수 있을 것입니다.

교사가 가르침을 사랑하면 할수록 그것은 가슴 아픈 작업이 된다. 가르침의 용기는, 마음이 수용 한도보다 더 수용하도록 요구당하는 그 순간에도 마음을 열어놓는 용기이다.

-파커 J 파머, 『가르칠 수 있는 용기』

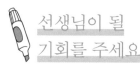선생님이 될 기회를 주세요

'친구 가르치기'는 하브루타 수업에서 매우 널리 쓰이는 방법입니다. 우리 반 교실에서도 아이들이 서로에게 선생님이 되어주며 즐거워한 순간이 많았습니다. 때로는 선생님의 언어보다 같은 생각과 같은 문화를 공유하는 친구들의 언어가 배움에 훨씬 도움이 됩니다. 특히 수학은 같이 배우는 입장이기에 이해되지 않는 부분을 서로 공감합니다.

아이들이 어렸을 때 첫째아이더러 둘째아이에게 책을 읽어주도록 한 적이 있습니다. 실은 제가 힘들고 귀찮기도 했고, 첫째아이의 읽기능력 향상을 위해서이기도 했습니다. 그렇게 책을 읽어주는 순간 첫째아이는 둘째아이의 선생님이 됩니다. 제게는 흔한 일상이 아이에게는 굉장한 모험이지요. 그 경험을 통해 아이는 한 단계 성장합니다.

학교에 다녀오면 그날 하루 어떻게 지내고, 무엇을 배웠는지 저녁 먹을 때마다 묻는 것도 좋은 방법입니다. 물론 아이의 성향에 따라 그것을 좋아하기도 하고 그렇지 않기도 합니다. 첫째아이는 제가 묻는 것을 귀찮아했고, 둘째아이는 그 시간을 너무너무 좋아했습니다. 물론 이제 아이들이 커서 어렸을 때보다는 덜 좋알거리지만, 딸아이는 자신이 선생님처럼 앞장서서 무언가를 알려주는 시간을 무척 좋아합니다. 제가 엄마로서 서툴러서 첫째아이에게는 아쉬운 부분이 많지만, 하브루타를 실천한 이후로는 '선생님 되어보기' 시간을 자주 주려고 노력합니다.

교실에서 '친구 가르치기'로 수업하다 보면 때로는 늘 가르쳐주어야 하는 상황이 되어 자신만 손해 본다고 느끼는 아이도 있습니다. 하지만 누군가를 가르쳐주는 기회는 자신이 더욱 발전하고 성장할 기회입니다. 아이를 위해 책을 읽어주고, 아이 공부를 도와주면서 엄마 또한 성장함을 느낀 적이 있을 것입니다. 엄마가 느끼는 그 성장을 아이도 느낄 수 있도록 최대한 선생님이 될 기회를 선물해보세요.

아이들에게 선생님이 될 기회를 주는 방법은 다양합니다. 저는 수업이 끝날 때 2~3분 동안 그날 배운 내용을 짝에게 요약 설명할 기회를 주었습니다. 선생님이 되어 학습 마무리를 하는 것입니다. 집에서는 아이들에게 그날 배운 내용을 간단하게 물어보고 저에게 설명해주도록 합니다.

수업 중에 배운 내용과 관련하여 쪽지에 퀴즈를 적은 후 그것을 가지고 돌아다니며 서로 묻고 답하기도 합니다. 아이들이 자신의 머릿속에 있는 것을 표현할 수 있도록 기회를 주는 것입니다. 아이들이 직접 만든 퀴즈 쪽지를 활용하면 더 효과적입니다. 아이들은 자신이 선생님처럼 평가문제를 낸다고 생각해 더욱 좋아합니다.

아이들에게 학급회의나 가족회의를 진행할 기회를 주는 것도 좋은 방법입니다. 저는 전체 아이들이 순서대로 발표해야 하는 경우 돌아가며 사회를 볼 수 있는 기회를 주거나 모둠끼리 토의할 때에도 차례대로 사회를 볼 수 있도록 해주었습니다. 어른들에게는 당연하고 별것 아닌 것 같아 보이는 순간이 아이들에게는 매우 크나큰 경험이 됩니다. 그래서 '어떻게 하면 아이들에게 기회를 줄지'를 늘 고민했습니다. 그 기회들이 아이들을 성장시키니까요.

이제 우리 집 아이들은 중학생, 고등학생이기에 저보다 더 잘할 수 있는 것이 많아졌습니다. 어릴 때에는 여행도 제가 끌고 다녔지만 이제는 반대입니다. 첫째아이가 중3이었을 때 저는 아들만 따라다니며 도쿄 거리를 걸었습니다. 또 초등학생 아들과 둘이 갔던 여행지를 가족이 함께 다시 방문했을 때에는 제가 검색하고 알아봤던 것을 아들이 다 찾아보고 이끌어주는 것을 보며 만감이 교차했습니다. 남편도 아들만 따라다녔지요. 아들은 그 시간만큼은 가족의 가이드이자 선생님이 되어 마음이 우쭐해졌을 것입니다. 그 모습을 바라보는 엄마, 아빠의 마음도 한없이 행복했고요.

제가 교실에서 생활할 때 아이들은 '모두가 꽃'이라는 어구와 함께 늘 마음속에 품었던 어구 중 하나는 '가르치지 않는 배움'입니다. 결코 쉽지 않은 일이기에 그만큼 가치가 있는 말입니다. 제가 일일이 해주지 않아도 스스로 할 수 있게 이끄는 것, 나는 살짝 보여주고 뒤로 물러서 아이들에게 기회를 주는 것, 아이들 스스로가 시행착오를 겪어보게 하는 것이라고 해야 할까요?

저도 처음에는 '가르치지 않는 배움'의 의미와 가치를 잘 몰랐습니다. 하나하나 내가 관여해야만 무언가가 제대로 될 것만 같은 착각으로 가득했지요. 그러나 시간이 흐를수록 서투르더라도 아이들에게 기회를 주는 것의 중요함을 알게 되었고 교실과 가정에서 늘 그들이 선생님이 될 수 있는 기회를 주려고 노력했습니다. 물론 아이가 전혀 알지 못하는 무언가에 대해서는 시범을 보여주거나 설명해주는 시간이 필요하겠지요. 아이가 직접 표현하고 해낼 수 있다고 생각하는 생활 속에서 "엄마가 잘 모르겠는데 좀 알려줄래?", "선생님한테 자세히 좀 설명해줄래?"같은 말은 아이들이 쑥쑥 자랄 수 있도록 할 것입니다. 생각뿐 아니라 마음속 자존감까지 자라도록 말이지요. 지금 이 순간 아이에게 선생님이 될 기회를 주세요.

하브루타 대화법 TIP

❉ 첫째아이가 둘째아이의 선생님이 되게 해주세요.

도서관에서 종종 동생에게 책을 읽어주는 언니나 오빠를 보게 됩니다. 엄마는 그 모습을 살며시 흐뭇하게 바라보고 있지요. 참 지혜로운 엄마입니다. 엄마는 몸과 마음의 여유를 가질 수 있고, 아이들은 각자의 자리에서 성장하고 있으니까요.

- ○○야, 오늘은 엄마 대신 ○○가 동생 책 좀 읽어줄 수 있겠니?

- 요즘 우리 ○○가 한글을 부쩍 잘 읽는 것 같아.

5장

하브루타로
성장하기

자신의 삶을
하브루타하는 엄마

모든 진리는 처음에는 조롱받고 그다음에는 격렬히 거부되며
마지막에는 자명한 것으로 수용된다.
-아더 쇼펜하우어(Arthur Schopenhauer)

부모의 삶이
곧 인성교육이에요

아이들과 교실에서 질문과 대화의 삶을 실천할 수 있는 방법을 찾아내고 직접 적용하기 위해 애썼던 시간들이 참 행복했습니다. 가정에서 아이들과 하브루타하는 것이 정말 좋았고, 집에서만 실천하기에는 너무 아쉬워 교실현장에 적용했습니다. 제 직업이 교사였기에 책임의식을 가지고 가정에서보다 더욱 체계적으로 노력할 수 있었지요. 시간이 흐를수록 가정에서는 삶의 일부로 자리 잡았고, 학교에서는 삶과 교실문화이면서도 더욱 구체화된 방법으로 이루어졌습니다. 다음은 제가 2015년 6월 22

일 새벽 12시 40분에 기록해놓았던 수업성찰 내용 중의 일부입니다. 하브루타의 매력에 빠져 새벽까지 잠을 줄이고 수업성찰 기록을 했던 때입니다.

내가 하브루타 수업을 좋아하는 이유

1. 아이들이 너무 좋아하고 즐거워한다는 것
2. 아이들이 정말 생각하게 한다는 것
3. 아이들이 정말 질문하게 한다는 것
4. 아이들이 무슨 생각을 하고 있는지 너무 잘 알 수 있다는 것
5. 관찰하는 게 참 재미있고 그로 인해 아이들을 알고 이해하게 되는 부분이 많다는 것
6. 시간 가는 줄 모른다는 것, '아, 지루해. 언제 수업이 끝날까?'와 같은 고민의 모습이 보이지 않는다는 것
7. 아이들이 서로 친해질 수밖에 없다는 것, 그래서 따돌림 문제의 해결방안이 될 수 있다는 것
8. 교사도 많이 배우고 생각하며 질문하게 된다는 것
9. 시끄러워도 스트레스 덜 받는다는 것
10. 진정으로 활동, 협동, 표현 중심의 수업이 될 수 있다는 것
11. 아이들이 경청하게 된다는 것
12. 인성교육이 저절로 된다는 것

위의 내용 중 가장 마지막에 적은 '인성교육이 저절로 된다는 것'은 제

가 하브루타 수업을 실천해온 주요 이유 중 하나입니다. 우리 교육현장에서 정말 중요한 부분 중 하나가 학생들의 인성을 위한 교육이기에 하브루타가 인성교육에 주는 의미는 제게 큰 의미로 다가왔습니다.

우리나라의 2015개정 교육과정은 바른 인성을 갖춘 창의융합형 인재를 양성하는 데 그 중점을 둡니다. 인성교육진흥법 제2조에 따르면 인성교육이란 '자신의 내면을 바르고 건전하게 가꾸고 타인·공동체·자연과 더불어 살아가는 데 필요한 인간다운 성품과 역량을 기르는 것을 목적으로 하는 교육'을 말합니다. 인성교육을 법으로 제정한다는 것이 그리 유쾌한 일은 아닙니다. 삶 속에서 자연스럽게 이루어져야 할 인성교육을 법제화한다는 것 자체가 인성교육이 제대로 이루어지고 있지 않은 교육현실을 그대로 반영하는 게 아닐까요?

하브루타는 인성교육과 어떤 관계가 있을까요? 지속적으로 하브루타를 하기 위해서는 '경청하기'의 연습이 필요합니다. 엄마와 아이가 함께 나누는 본문 내용을 경청하고, 상대방의 의견을 존중하고, 스스로의 생각도 경청하며 성찰하는 것입니다. 교실에서 아이들과 책을 번갈아가면서 한 줄씩 읽는 하브루타를 할 때 아이들은 제가 읽는 부분과 본문에 주의를 기울입니다. 상대방이 하는 말을 경청해야 저도 아이들도 그다음 내용을 읽을 수 있습니다. 둘이서 번갈아가며 읽을 때도 마찬가지이지요. 짝과 대화나 토론을 할 때에도 상대방의 말을 경청하지 않으면 그다음에 자신의 주장을 상황에 맞게 이어나갈 수 없습니다. 그 과정을 통해 자신의 모습을 돌아보고 고쳐나갈 수 있는 기반을 다집니다. 경청의 습관을 기르는 것이 바로 인성교육의 시작입니다.

인성교육진흥법 제2조 제2항에서는 인성교육의 목표가 되는 '핵심 가치·덕목'을 제시하였는데 예, 효, 정직, 책임, 존중, 배려, 소통, 협동 등이 그것입니다. 그런데 이 핵심 가치·덕목이란 결코 지식으로만 습득되는 것이 아닙니다. 그 개념에 대해 인지하고 자신의 삶과 관련지어 생활 속에서 실천하고 체화해나가야 합니다. 바로 이 생활 속에서 실천하는 단계에 이를 때까지 끊임없는 자기성찰이 요구됩니다.

엄마가 아이와의 하브루타를 생활화하게 되면 아이와 나누는 대화 속에서 아이의 모습만을 꺼내는 것이 아니라 엄마 자신의 모습까지 되돌아보게 됩니다. 저는 경청을 잘해주는 편이라고 생각했는데, 사춘기 딸아이는 저를 그렇게 바라보지 않았습니다. 아이와의 대화를 이어가다 보니 제가 학교에서 아이들의 말을 기울이는 것만큼 딸아이의 말을 경청하지는 않았음을 깨닫게 된 것입니다. 그 이후부터는 딸아이의 말에 더 귀 기울이려 노력합니다. 내 마음속 깨달음은 삶의 실천으로 이어집니다. 아이들에게 일어나는 변화는 부모의 삶과 긴밀하게 연결되어 있습니다. 부모의 모습이 아이들에게는 인성교육 그 자체입니다.

초등 교실에서 1년을 살다 보면 교사의 언행을 닮아가는 아이들이 있습니다. 새 학년이 되어 몇 달이 지나면 그 반만의 분위기가 생겨납니다. 저는 그것을 '교실 향기'라는 말로 표현합니다. 그 분위기는 담임교사와 많이 닮아 있지요. 담임교사와 그 반 학생들의 생활모습이 교실의 문화로 자리 잡아가는 것입니다. 학교에서 교사는 인성교육에 대해 관심을 가지고 인성교육을 위한 자신의 자질과 역량을 강화하기 위해 노력합니다. 그와 마찬가지로 부모 또한 자신의 삶 자체가 아이에게 바람직한 인성교육이 될 수 있도록 애써야 할 것입니다.

참으로 신기하고 두려운 사실은 제가 은연중에 하는 행동이나 말이 어느새 제 아이와 학생에게 영향을 미치고 있었다는 것입니다. 교실에서는 그나마 교사로서 모범이 되는 모습을 보이려고 노력하기에 조금은 낫습니다. 하지만 집에서는 저도 모르게 긴장이 풀리기에 피곤할 때 무심하게 대답한다든지, 웃음을 덜 보인다든지 하는 때가 있습니다. 집에서는 제 자신의 모습이 있는 그대로 드러납니다. 가끔은 '오늘 내가 아이에게 조금 덜 웃어주지 않았나?', '오늘 교실에서 다른 아이들에게는 활짝 웃으며 대했는데 가족에게는 피곤하다는 핑계로 무미건조한 말투로 이야기하지 않았나?' 하는 생각도 들곤 했습니다. 1학년 담임을 할 때마다 너무나 마음에 와닿았던 느낌, 바로 아이의 표정이 엄마의 표정을 그대로 반영함을 알기에 때로는 제가 우울하거나 짜증날 때 다시금 스스로를 돌아보고 정신을 차립니다.

학교와 대학원을 다녀오면 너무 피곤하고 지쳐서 화장도 안 지우고 '잠시만 누웠다가 일어나야지.' 하고 그냥 자버릴 때가 종종 있었습니다. 어느 날 학원을 다녀온 딸아이가 너무 피곤했는지 씻지도 않고 그냥 누워서 자려고 하기에 "은아, 씻고 자야지." 했더니 "엄마도 피곤하면 그냥 잘 때 있잖아요. 저도 지금 너무 피곤해서 그냥 좀 잘게요."라고 하는 겁니다. 저는 더 이상 아무 말도 할 수가 없었지요. 앞으로도 제가 종종 그냥 잘 때가 있으리란 걸 뻔히 알기에 바람직한 생활 패턴을 독려하는 그 어떤 훈계도 할 수 없었습니다. 부모로서 자녀가 어떻게 생활해야 할지 조언해줄 수는 있지만, 저는 저 스스로도 지키지 못하는 것을 아이에게 강요할 수가 없었습니다.

생활의 한 모습도 이렇게 아이에게 영향을 미치는데 부모의 말, 행동, 생각, 가치는 얼마나 더 영향을 미치게 될까요? 부모가 알게 모르게 일상의 삶에서 보여주는 인성적인 측면들이 그대로 아이에게 전수된다는 것은 더 이상 강조할 필요도 없을 것입니다. 그러니 아이들 앞에서의 모습과 언행에 대해 매 순간 조심하지 않을 수가 없습니다.

공교육이나 사교육에서 학생들을 위한 교육과정을 만들고 그것을 실행해나갈 때 교육과정 안에 결코 교과지식만이 담길 수는 없습니다. 그교육과정을 계획하는 교육자들의 가치관과 철학이 녹아 있기 마련입니다. 무미건조한 지식만이 아닌 그들이 지닌 윤리적, 도덕적 관점이 그 교육과정만의 고유한 성격을 특징 지어주며 그에 따라 교육활동이 이루어지는 것입니다.

교육과정 이론을 윤리학의 관점에서 풀어낸 『Patterns of Educational Practice-Theories of Curriculum』(Richard W. Morshead, 1995)이라는 책에서 저자는 어떤 교육과정이 지닌 윤리적 관점이 다양한 교육활동의 고귀한 가치를 평가할 수 있는 척도가 되어준다고 말합니다. 교육과정에 도덕적 기반이 없다면 그 교육과정은 단지 무언가를 기술만 해놓은 문서나 서류에 불과할 뿐이며 학생교육에 대한 어떠한 방안도 제시할 수 없다는 것입니다. 학교의 경우 교육과정을 수립할 때 그 학교 또는 학년의 비전아래 교육과정이 설계되고 구현되는 것처럼 말입니다. 그 비전에 담긴 교육과정의 도덕적, 인성적 측면이 학생들을 위한 교육활동에 영향을 미치게 됩니다.

삶의 참된 의미와 바람직한 가치를 심어줄 수 있도록 매일 엄마가 먼저 인성을 갖추기 위해 노력하는 것이 아이의 인성교육을 위해 지금 당장 노력해야 할 일이 아닐까 생각합니다. 엄마는 아이에게 살아 있는 교육과정이니까요. 혹여나 자신의 부족하거나 고치고 싶은 모습을 아이에게서 발견할 때 부모는 아이의 그런 모습에 유난히 집착하게 됩니다. 저는 정리정돈을 늘 잘하려고 노력하는 편이지만 직장생활이 바쁘고 지칠 때는 옷을 옷걸이에 대충 겹쳐서 걸쳐놓을 때도 많습니다. 그런데 이상하게 딸아이가 옷을 구석에 대충 놓고 방을 지저분하게 해놓은 것을 보면 그 부분이 유난히 더 눈에 들어옵니다. 나의 부족한 점을 닮은 아이의 모습을 미워하기 이전에 지금 내 모습을 인식해야만 한다는 것을 알면서도 제 자신을 먼저 돌아보고 제 삶을 성찰하기는 쉽지 않습니다.

자기 자신의 모습을 제대로 바라보기 위해 도움이 되는 것 중 하나가 아이와의 대화입니다. 엄마의 모습에 대해 아이에게 묻는 것입니다. 제가 딸아이의 말에 경청하지 못했다는 것을 깨달았던 것처럼 말이지요. 있는 그대로의 내 모습을 인정할 때 비로소 고치고 싶은 내 모습 또한 수정할 수 있게 되며, 그것이 곧 살아 있는 인성교육입니다. 부모의 삶이 곧 인성교육인 것이지요.

엄마의 삶을
하브루타해보세요

학교는 참으로 바쁩니다. 늘 예쁜 머그컵에 커피 한 잔의 여유를 가지고 싶으나 쉽지가 않았습니다. 그냥 머리가 멍하고 정신없는 그 순간 카페인의 힘을 빌기 위해 종이컵에 재빨리 타서 얼른 후후 불어 마실 때가 많았습니다. 컵받침, 예쁜 컵, 컵 뚜껑도 있었지만 여유있게 사용할 틈을 내기란 정말 쉽지 않았지요. 대한민국의 모든 워킹맘은 엄마로, 아내로, 직장인으로 많이 피곤하고 바쁜 일상에서 끊임없이 자신에게 주어진 일들을 감당하며 하루하루를 살아냅니다.

1분 1초도 자신의 시간이 없음에 때로는 허무함과 좌절감이 밀려올 것입니다. '엄마 자신'의 삶은 어디에 있는지 생각해볼 겨를조차 없지요. 하루 종일 아이와 집안일에 매달리다 보면 정말 모든 걸 잠시 내려놓고 훌쩍 떠나고 싶을 때가 한두 번이 아닙니다. 누구나 겪고 느끼는 감정입니다.

물론 아이를 키우는 기쁨은 그 어느 것에도 비교할 수가 없을 것입니다. 내 아이가 하루하루 성장하는 모습을 보는 것만으로도 엄마에게는 큰 행복이지요. 그러나 엄마라면 어느 순간 누구나 느끼듯이, 아이를 보느라 살펴보지 못하고 일상의 뒤쪽에 살짝 밀어두었던 '엄마 자신의 삶'이라는 것에 대해 문득 고민하는 순간이 옵니다. 저도 아이들이 조금씩 자라 저 혼자만의 시간을 가질 수 있게 되었을 때 제 삶에 대해 다시 돌아보게 되었습니다.

아이 키울 때는 그런 여유를 왜 그리 갖기 힘든지 모릅니다. 자녀가 어렸을 때 조금만 더 나 자신을 위한 시간을 가졌더라면 하는 생각을 종종 합니다. 어쩌면 그것이 엄마인 자신에게도, 아이에게도 여유로운 마음을 줄 수 있는 방법이었을 텐데 말입니다. 그랬다면 내 아이가 조금은 부족하다고 느껴질 때 힘든 마음을 살짝 내려놓을 수 있었을지도 모릅니다. 다음은 첫째아이가 중1이 되었을 때 아이에 대해 욕심을 내고 조급해했던 제 모습을 돌아보며 쓴 글입니다.

관대해지기가 힘들었다,
내 아이에게는.

작은 일에 칭찬해주기가 힘들었다,
작은 일에 오히려 핀잔을 주었었다,
내 아이에게는.

사랑이라는 이름으로 욕심을 냈다,
관심이라는 이름으로 집착을 했었던 엄마이기에.

이제는 너의 눈을 보며
너의 마음을 보며
그렇게, 그렇게 너의 손을 살포시 잡고 가련다.

제 아이들에 대해 조금 더 관대한 마음으로 바라볼 수 있었던 것은 제 삶에 대해 좀 더 고민하던 때부터였습니다. 아이들만 바라보는 것이 아닌, 제 자신의 삶도 바라보게 된 순간부터지요. 삶에 질문을 던지고, 엄마가 아닌 나 자신으로서는 어떻게 살아가야 할지를 스스로 하브루타하던 때부터입니다.

아이가 어릴 때는 그렇게 아이만을 바라보았던 제 자신이 좋기도 했습니다. 아이 그 자체만으로도 기쁨을 누릴 수 있는 시간은 한정되어 있으니까요. 그러나 때때로 내 자신의 삶을 찾기 위한 고민이 부족했음을 느낍니다. 오직 아이의 성장 수준만으로 엄마인 저의 정체성을 보상받으려 했던 시간도 있었습니다. 그러나 아이의 삶과 제 자신의 삶은 함께이면서도 따로 흘러갑니다. 아이의 삶에 대해 고민하는 만큼 엄마의 삶에 대해서도 고민하고 자신의 정체성을 찾으려 노력할 때 아이를 좀 더 여유로운 마음으로 바라볼 수 있게 됩니다.

저는 할 일이 너무 많아 힘들거나 지칠 때는 '내가 바빠서 내 아이들이 좀 더 행복할 수 있는 거야.'라고 생각하며 제 자신을 위로합니다. '내가 안 바빴으면 아마 지금쯤 난 자녀들에게 더 집착하고, 아이의 하루하루를 더 힘들게 만들었을지도 몰라.' 하면서 말이지요. 어쩌면 억지스럽기도 합니다. 하지만 엄마 자신의 삶을 소중히 여길 수 있을 때 자녀의 삶 또한 더 소중히 여길 수 있습니다. 자녀의 삶에 대해 마음의 여유와 객관적인 눈을 가질 수 있습니다.

워킹맘이라 제 자신의 삶이 너무 바빠 아이들과 함께할 수 있는 시간이 줄어들고 신경을 못 써주어 미안할 때도 많습니다. 하지만 미안한 만

큰 마음으로 아이들을 더 생각하고 사랑을 표현해준다면 자녀들은 그 사랑을 먹고 예쁘게 자라날 것입니다. 매사에 모든 것을 신경 써주지 못하고 많은 시간을 함께할 수 없는 상황이라면, 아이 스스로 성장할 수 있는 힘을 기를 수 있는 기회를 제공해준다고 생각하면 됩니다. 자주 함께하지 못하는 만큼 마음의 사랑은 듬뿍 주고 더 친절하게 사랑을 표현해주면 됩니다.

어쩌면 아이들은 부모로부터 좀 더 자유로워질 필요가 있습니다. 아이들에게 스스로 결정하고 선택하며 자라날 수 있는 더 기회를 주어야 합니다. 자녀에 대한 사랑은 그 방향이 잘못되고 지나칠 때 불필요한 보호와 간섭이 될 수 있습니다. 진정한 자녀 사랑은 아이를 온전한 권리의 주체로 바라봐주는 것입니다. 스스로 결정하는 기회를 끊임없이 제공하여 결국에는 자신의 삶을 주체적으로 개척해나갈 수 있는 능력을 기르게 해주는 것이 부모의 역할입니다.

어른들이 아이들의 의견을 존중해야 하고, 그들에게 생각 표현의 자유를 주어야 한다는 것은 법적으로도 근거를 지닌 중요한 명제입니다. 1989년 11월 20일 유엔이 채택한 어린이 권리조약인 유엔아동권리협약(CRC: Convention on the Rights of the Child: CRC) 제12조에는 아동에게 영향을 미치는 문제를 결정할 때 그들의 의견이 존중되어야 함이 명시되어 있습니다. 또한 제13조에서는 아동들이 자신의 생각을 표현할 권리가 있음을 선언합니다.

지금 이 순간 엄마의 삶은 없고 아이에게만 너무 많은 기대를 하고 있다면 자신의 삶을 하브루타해보세요. 아이와 연결된 엄마로서의 삶만이 아닌, 독자적인 자신의 삶에 대해 고민해보면 좋겠습니다. 그럴 때 우리의 자녀들도 비로소 자신의 모습을 돌아볼 수 있는 여유를 가질 수 있고 자율적인 삶을 살 수 있습니다. 자신의 삶을 하브루타하며 개척해나가는 엄마의 모습은 자녀에게도 또 하나의 배움을 줄 것입니다. 저는 일상이 너무 지칠 때 아이들에게 엄마의 하루하루가 힘들다고 고백합니다. 그리고 엄마가 할 일을 할 수 있도록 집안일을 도와달라고 말합니다. 때로는 그런 솔직한 감정 나눔이 엄마의 마음을 평화롭게 합니다.

교실에서 아이들과 함께 하브루타할 때에는 아이들의 생활뿐 아니라 저의 삶에 대해서도 나누었습니다. 저학년 학생들은 제 말에 담긴 깊은 의미는 모르는 듯했지만, 선생님의 삶에 관한 이야기를 초롱초롱한 눈빛으로 경청했지요. 고학년 학생들은 때로 제게 큰 위로가 되기도 해 매일 더 삶을 나누고픈 생각이 들곤 했습니다. 여러분도 엄마 자신의 삶을 좀 더 소중히 여기고 지금 바로 자기 자신, 혹은 아이와 하브루타해보세요. 아이들을 돌보느라 온통 메말랐던 감성이 한결 풍성해지고 삶에 대한 새로운 설렘이 느껴질 것입니다.

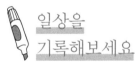
일상을 기록해보세요

저는 무언가를 기록하고 메모하는 것을 좋아합니다. 나의 경험, 추억, 생각, 느낌 등을 글로 남기는 느낌이 참 좋고 재미있습니다. 지나간 추억이나 생각의 조각을 시간이 흐른 뒤에 보면 잔잔한 행복이 스며듭니다. 물론 그 기록들이 행복의 장면이 아닌 슬픔의 단면도 많습니다. 하지만 슬펐던 기억 중 일부는 시간이 흐르면 그 나름대로 의미 있는 감동으로 다가오기도 합니다.

지금도 종종 예전에 쓴 다이어리를 보며 새로운 영감을 얻기도 하고 추억에 젖기도 합니다. 한 번은 아이들에게 제가 30여 년 전에 쓴 일기장을 보여주며 친구 때문에 고민했던 이야기를 들려주니 마냥 신기해했습니다.

종이에만 남겨두었던 기록을 블로그에 적기 시작한 것은 2007년부터였습니다. 육아휴직 3년 동안 아이와 하루 종일 함께할 수 있는 소중한 시간을 그냥 흘려보내기 아까워 매일 기록으로 남기기로 다짐했습니다. 제 블로그에는 공개 글보다 비공개 글이 더 많습니다. 비공개 글은 제 자신에게 중얼거리듯이 두서없이 쓴 글이라 기록 그 자체로서 의미가 있습니다. 제 자신을 돌아볼 수 있어서 좋습니다. 그렇게 하루하루의 삶을 제 자신과 하브루타하듯이 성찰합니다.

우리 반 아이들과 하브루타 수업을 하면서 기록으로 남긴 것들, 주일학교 아이들과 하브루타하면서 적어둔 내용들, 아이들과 생활하면서 느낀 소소한 감정을 적은 것들, 자녀를 키우며 경험한 일들과 생각들을 적었습니다. 이는 지금의 저에게 큰 자산입니다. 나만의 기록이 있었기에 그때보다 지금 더 성숙해졌습니다. 지나간 시간을 기록하는 과정은 강의를 하거나 글을 쓸 때도 큰 도움이 됩니다.

예전에 비해 지금은 정말 기록하기 쉬운 시대입니다. 다양한 종류의

SNS를 통해 삶의 흔적을 순간순간 남길 수 있으니까요. 굳이 자기가 기록하려 하지 않아도 생활습관 자체가 기록의 연속인 시대입니다. 수시로 사진을 찍고 메시지를 보내며 SNS 계정에 경험과 생각을 남기는 우리는 누구나 다 기록자입니다. 그 자투리 기록은 모두 자신의 자산입니다.

1년 동안 교실에서 아이들과 생활하다 보면 생활지도한 내용, 수업을 하며 생각했던 조각 느낌들과 같은 저의 기록뿐만 아니라 아이들의 기록도 남습니다. 수업시간의 활동지와 작품들은 그 아이만의 소중한 기록이 됩니다. 제 자녀들이 어렸을 적에 학교에서 활동한 내용이 늘 궁금했고, 그 흔적을 추억으로 고스란히 남겨놓고 싶었습니다. 그래서 저는 우리 반 아이들의 아주 작은 작품 하나도 학부모에게 고이 남겨주려고 노력했습니다. 많은 선생님이 아이들의 공부 흔적을 소중히 보관해두었다가 학기말에 가정에 보내주고 있습니다.

아이들은 어릴 때 집 안 구석구석에 자신들의 흔적을 참 많이도 남겨놓습니다. 엄마의 물건들을 다 헤집어놓고, 도무지 납득할 수 없는 공간에 온갖 낙서를 해놓기도 하지요. 지저분한 재활용품을 가위로 오리고 풀로 붙여서 더 지저분한 작품을 만들어놓기도 합니다. 끊임없는 집안일이 스트레스가 될 수도 있지만, 다른 각도에서 바라보면 그 모든 상황은 모두 자녀가 성장하는 과정의 기록입니다. 아이가 커가면서 그런 모습이 줄어들면 때로는 아쉽기도 합니다. 그러니 순간순간 아이가 창조해놓는 기억거리를 소중하게 기록해놓으세요. 훗날 그것들은 엄마와 아이에게 소중한 기억의 보물이 될 것입니다.

저도 아이의 생각이 자라나는 과정을 눈에 보이는 무언가로 남기고 싶어 일부러 자신의 생각을 종이 위에 적어오라고 할 때가 많습니다. 예를 들어 얼마 전에 앞으로는 정기적으로 용돈을 달라고 하기에, 왜 엄마가 용돈을 주어야 하는지를 종이에 적어오라고 했지요. 말로 하면 아이의 생각이 그냥 날아가버리지만 적어놓으면 남으니까요. 요즘은 녹음과 녹화가 참 쉬운 세상이니 영상으로 남겨놓아도 좋습니다.

기록은 참으로 놀라운 힘이 있어서 기록하는 그 순간의 단면은 별것 아닌 것 같아 보이지만, 그것들이 모이면 큰 힘을 발휘합니다. 지나간 기록을 보고 있으면 나름의 메시지를 발견하게 됩니다. 교실에서 아이들이 던진 질문들을 하나로 모아놓으면 아이들이 갖고 있는 생각의 큰 흐름을 볼 수 있고, 내 아이가 하루하루 독서한 기록을 모아놓으면 아이의 독서 습관이 보이는 것처럼 말이지요.

제 아이와의 하브루타 기록에는 구멍이 듬성듬성 많지만, 그 구멍 많은 기록 또한 제 아이의 성장을 파악하는 데는 도움이 됩니다. 지금은 별것 아닌 것처럼 보이는 순간의 기록들이 시간 속에서 쌓이고 쌓이면 삶을 성찰하고 계획해나가는 데 도움이 됩니다. 순간을 소중하게 기록하는 즐거움과 의미를 모든 엄마가 느끼고 실천하면 좋겠습니다.

✤ 아이와 '질문 이어가기'를 해보세요.

글 안에 답이 나와 있는 질문을 서로 계속해서 이어가보세요. 물론 답도 맞추어가면서 하면 좋습니다. 글 안에 답이 있는 쏙쏙 질문(사실 질문)을 계속하다 보면 책의 내용을 잘 기억할 수 있게 됩니다.

꼭 말로 하지 않더라도 포스트잇이나 쪽지에 최대한 많이 써보는 것도 좋은 방법입니다. 게임처럼 하면 아이들은 신나게 질문을 만들어냅니다. 그 질문 중에서 뽑아가며 대답을 해보는 것도 재미있습니다.

02

'교육'을 공부하는 엄마

교사가 전혀 방향을 제시하지 않을 때
아이들의 행동은 충동이나 욕망을 따르게 된다.
-존 듀이(John Dewey)

 미래사회의
교육

앞으로의 교육은 학생 개개인성에 관심을 가지고 자신의 재능과 잠재력을 펼쳐나가도록 평등한 기회를 제공하는 방향으로 나아갈 것입니다. 학생별로 개인별 맞춤형 교육이 이루어지는 것입니다. 하버드 교육대학원 교수 토드 로즈(Todd Rose)는 『평균의 종말』이라는 책에서 앞으로의 사회 및 교육시스템이 개개인을 중시하는 방향으로 바뀌기 위해서는 학위가 아니라 자격증이 부여되어야 하고, 성적 대신 실력의 평가가 이루어져야 하며, 학생들 스스로가 교육과 관련한 자신의 진로를 결정할 수 있는 권리를 허용해야 한다고 말합니다.

아이들이 주도적으로 자신의 교육 진로와 삶을 디자인해갈 수 있는 역량을 갖추기 위해 개인별 맞춤형 교육이 이루어져야 합니다. 획일적이고 형식적인 교육에 갇혀 모두 똑같은 교육을 받고, 똑같은 과목을 배우며, 똑같은 경험을 하면서 교육받는 시대는 지나갔습니다. 개개인성을 살리는 평등한 교육이 이루어지기 위해 부모 또한 교육의 방향 및 교육과정에 관심을 가지고 자녀를 위한 최적의 맞춤형 교육을 제공할 수 있도록 노력해야 합니다. 하브루타를 하는 엄마라면 내 아이가 무엇에 관심이 있는지, 어떤 공부를 하고 싶은지, 어떤 삶을 살고 싶은지에 대해 묻고 답하는 시간을 꾸준히 가질 수 있습니다. 이는 아이가 자신의 미래를 재능과 적성에 맞게 펼쳐나갈 수 있도록 이끄는 힘이 될 것입니다.

너도나도 4차 산업혁명으로 바뀔 교육의 방향을 말합니다. 인공지능(AI: Artificial Intelligence), 사물인터넷(IoT: Internet of Things), 드론, 3D컴퓨터 등은 이제 낯선 단어가 아닙니다. 앞으로의 교육은 미래사회를 상징하는 다양한 기술이 창의적으로 융합되어 상상 그 이상의 세계를 만들어낼 것입니다. 아이들이 공부하는 방법이나 공부의 방향도 당연히 바뀌어나갈 것입니다. 이미 바뀌고 있습니다. 예전에 부모 세대가 공부하던 방법만을 생각하면 안 됩니다. 이전에는 학교에서만 주로 교육이 이루어졌다면 이제 우리 아이들의 배움터는 결코 학교에만 국한되지 않습니다. 앞으로는 학교 밖의 비형식적인 배움이 아이들의 삶에 더 큰 영향을 미칠 수도 있습니다. 그렇기에 평생 스스로 배워나갈 수 있는 능력이 중요한 것입니다. 배움을 즐겁게 여기고 자신이 가는 어느 곳이든 배움의 장소로 만들 수 있는 능력이 필요합니다. 학교도 형식적, 제도적 기관이 아닌 다양한 형태로 존재할 것입니다.

세계는 점점 하나가 되어갈 것이고 우리 아이들이 준비해야 할 부분도 많아질 것입니다. 부모는 세계의 정세에 끊임없이 관심을 가져야 합니다. 세계적 흐름이 아이들의 미래 직업과 연결되기 때문입니다. 또한 자녀가 자립적이고 유연하게 자신의 진로를 지속적으로 발전·개척해 나아갈 수 있는 진로탄력성(Career Resilience)을 기를 수 있도록 도와주어야 합니다. 4차 산업혁명 시대가 도래함에 따라 급격한 사회·환경적 변화가 미래에 대한 불확실성과 불안감을 가중시키고 있기에 우리 아이들에게 진로탄력성의 개념은 더욱 중요해질 것입니다.

역량을 기르는 교육

최근 몇 년 사이 학교 교육은 급속도로 변화하고 있습니다. 무엇보다도 주입식 교육에서 탈피하기 위해 교육현장에서 교사들은 부단히 노력하고 있습니다. 물론 대학입시라는 현실적인 벽에 부딪쳐 초등교육에 비해 중·고등학교 교육은 아직도 넘어야 할 산이 많지만 초등 교실의 문화는 변화를 거듭하고 있습니다.

현재 그리고 앞으로도 이어질 교육의 흐름은 '역량'을 기르기 위한 교육입니다. 역량의 사전적 의미는 '어떤 일을 해낼 수 있는 힘'입니다. 여기서는 우리가 어떤 사실에 대해 지식을 갖추고 문제를 해결할 수 있는 기술을 갖추는 것 이상을 의미합니다. 지식적인 측면을 넘어 한 개인이 어떤 상황이나 문제를 맞닥뜨렸을 때 그것을 감내하고 해결해낼 수 있기 위해 내적으로 갖추어야만 하는 자신에 대한 믿음, 동기, 가치, 태도 등을 포함합니다. 역량을 중시하는 교육이 결코 지식을 경시한다는 말은 아닙니다. 자신의 분야와 관련된 전문 지식과 한 사회를 살아가는 시민으로서 갖추어야 할 기본 상식을 갖추고 그것을 통해 삶의 문제들을 해결하는 능력을 기르도록 이끄는 교육을 만들어가야 한다는 것입니다.

일생을 살아가면서 과연 지금까지 학교에서 배워온 지식 그 자체가 순간순간의 상황을 인식하고 문제를 해결해나가는 데 정말 큰 도움이 되었다고 느낀 적은 그다지 많지 않을 것입니다. 오히려 사람과 사람과의 관계 속에서 내가 배우고 느낀 것들, 책 속 행간에서 내가 발견한 것들, 어려운 일들을 겪으며 내가 온몸으로 깨달은 것들이 지금 내가 지닌 역량을 더 잘 설명해줄 수 있을 것입니다. 사실은 그러한 역량이 학교 교육을 통해 길러졌어야 하는데 말이지요.

학교에서 지식교육과 함께 삶을 살아내는 힘, 상황을 마주하는 능력, 문제를 해결하는 역량을 길러줄 수 있도록 교육전문가들을 비롯한 현장 교사들이 노력하고 있습니다. 교과서 안의 굳어진 지식만으로는 삶의 힘을 기를 수 없다는 것을 우리 모두 인지하고 있지요. 미래사회의 핵심역량인 4C, 즉 창의적이고(Creative), 비판적 사고력(Critical Thinking)을 갖추고 있으며, 의사소통에 능하고(Communicative), 협업능력을 지닌(Collaborative) 미래형 인재로 성장할 수 있기 위해서는 삶 속에서 꼭 필요한 역량을 갖추도록 이끄는 교육이 필요합니다.

2015개정 교육과정에서는 학생들의 역량을 길러주는 교육을 위한 방향을 제시하고 있습니다. 3장에서도 설명한 바 있듯이 아이들에게 꼭 필요한 핵심역량으로 자기관리 역량, 지식정보 처리 역량, 창의적 사고 역량, 심미적 감성 역량, 의사소통 역량, 공동체 역량을 제시하고 있습니다. 이러한 역량을 기르기 위해 교실 수업 또한 변화해왔고, 계속적으로 변화를 더해가고 있습니다. 교육과정을 유연화하고 공식적인 평가도 최소화하여 학생들이 행복하게 공부할 수 있는 환경을 제공하고자 하는 것입니다.

교육의 선진국인 핀란드를 비롯한 세계의 많은 나라에서도 역량 중심의 교육과정을 운영하고 있습니다. 지엽적인 지식 습득을 벗어나 생활 속에서 스스로 문제를 해결해나가며 주체적으로 살아갈 수 있는 힘을 기르기 위해서입니다. 정답이라는 결과를 가르치는 '집어넣는 교육'이 아니라 해답에 이르는 과정을 가르치는 '꺼내는 교육'을 하자는 것입니다. 전 세계적으로 5,000여 곳이 넘는 학교에서 운영되고 있는 IB교육과정도 마찬가지로 참된 학력으로서의 역량을 기르기 위한 교육과정입니다.

현재 학교현장에서는 삶 속에서의 다양한 문제를 해결해나갈 수 있는 교육활동을 실현하기 위해 고군분투하는 선생님이 많습니다. 학습공동체를 구성하고 어떻게 하면 학생들의 배움을 극대화할 수 있을지를 고민하고 교육을 연구하지요. 학생들이 서로 존중하고 배려하며 삶을 배워나갈 수 있도록 삶과 연계한 교육활동을 구안하고 실천하기 위하여 애씁니다. 가정에서도 학교교육의 변화와 함께 삶의 역량을 길러주는 부모가 되기 위한 노력이 필요합니다. 예전에는 초등학생의 경우도 단원평가 점수 하나에 연연해하고, 중간고사나 기말고사 점수로 인해 엄마들의 기분이 좌지우지되는 경우가 많았습니다. 역량을 기반으로 하는 교육과정 운영으로 인해 평가 관점 또한 많이 바뀌었습니다. '과정중심평가'는 말 그대로 교실 속 학생들이 공부해가는 과정 그 자체를 중시하는 평가입니다. 학생의 배움을 보이는 결과로만 평가하던 것을 넘어서는 개념입니다.

예를 들어 리코더 연주에 대한 평가 계획을 세우고 어느 특정한 날 리코더 연주능력을 평가한다고 했을 때 주어진 곡을 연주하는 능력은 잘하고 못하는 정도의 차이가 드러날 것입니다. 그러나 한 아이가 그날은 리코더를 잘 연주하지 못했지만, 학기말이 될 때까지 꾸준히 연습해서 결국은 연주능력이 향상되었다고 가정해봅시다. 비록 다른 아이들에 비해 그 곡을 연주하는 능력을 갖추게 된 시기는 늦어졌을지언정 꾸준히 연습했다는 점, 결국 목표에 도달했다는 점은 높이 평가받아야 합니다. 그 아이는 결국 리코더 연주 능력뿐 아니라 자신이 어려워하는 일을 끝까지 인내하며 이루어내는 능력까지 기른 것입니다. 때로는 어떤 학생이 리코더 다루기를 유난히 힘들어한다면 그 마음을 존중하여 완벽한 연주를 강요하지 않을 수도 있어야 합니다.

학생들마다 성장 속도와 배움 속도가 다르다는 것을 인정하고 맞춤형 교육을 추구하듯 평가 또한 개인의 상황을 존중하여 실시하는 것입니다. 이는 교실 속에서 학생 개개인의 배움 및 성장 속도를 존중하며 그 과정을 중시해줄 때 가능합니다. 가정에서도 마찬가지입니다. 결코 내 아이의 성장을 다른 아이와 비교해서는 안 됩니다. 내 아이만의 때가 있음을 알고 기다려줄 줄 알며 자녀에게 맞는 교육과정과 교육방법을 찾아볼 수 있어야 합니다. 아이처럼 엄마 또한 엄마로서의 역량을 갖추어나가야 하는 것입니다. 배움의 과정은 아이뿐만 아니라 부모에게도 필요합니다.

IB교육과정

국제바칼로레아(IB: International Baccalaureate)는 스위스 비영리교육기관(IBO: International Baccalaureate Organization)에 의해 개발, 관리되는 국제공인 교육과정입니다. 만 3세부터 19세까지의 학생을 대상으로 하며 고교과정(IB DP: Diploma Programme), 중등과정(IB MYP: Middle Years Programme), 유·초등과정(IB PYP: Primary Years Programme), 직업교육과정(CP: Career-related Programme)의 4가지 프로그램으로 구성되어 있습니다.

IB교육과정은 학생들이 탐구하는 사람(Inquirers), 지성을 갖춘 사람(Knowledgeable), 사고하는 사람(Thinkers), 의사소통하는 사람(Communicators), 원칙을 준수하는 사람(Principled), 마음이 열린 사람(Open-minded), 배려하는 사람(Caring), 도전적인 사람(Risk-takers), 균형 잡힌 사람(Balanced), 성찰하는 사람(Reflective)이라는 IB 학습자상(IB Learner Profile)을 제시합니다.

IB교육과정의 운영 및 IB학교 등에 관한 자세한 내용은 홈페이지(http://www.ibo.org)를 참고하세요.

민주시민을 기르는 교육

부모들은 과거 우리들이 받아왔던 표준화된 교육의 병폐를 너무나도 잘 알고 있습니다. 그리고 주입식 교육으로 인해 스스로의 삶 속에서 주체로 서지 못하는 경험을 많이 해보았을 것입니다. 문제는 이러한 교육이 자녀들에게도 대물림되고 있다는 것입니다. 세대가 변하고, 그 어느 때보다도 다양성과 창의성이 요구되는 시기에 아이들은 여전히 지식 그 자체의 세계에 갇힌 공부를 하고 있는 경우가 많습니다.

물론 공교육에서 다양한 교육혁신의 시도는 지속적으로 이루어져 왔습니다. 2018년 교육감 선거에서 전국적으로 13명의 진보교육감이 선출된 것만으로도 교육혁신을 향한 발걸음의 정도와 바람을 감지할 수 있지요. 많은 사람이 교육에서의 변화를 원하고 있었다는 반증일 것입니다. 이는 아이들이 앞으로 살아가면서 자신에게 닥친 문제나 갈등의 상황을 주체적으로 해결해나갈 수 있는 능력을 기르기를 바라는 마음에서 비롯했을 것입니다. 단지 공부만 잘하는 것이 아니라 삶을 제대로 살아나갈 수 있기를 바라는 마음이지요. 혼자가 아닌 여럿이 함께 함으로서 행복에 한 걸음 더 가까이 다가가기를 바라는 마음도 포함되어 있을 것입니다.

이와 발걸음을 같이하여 최근 몇 년간 학교 교육 또한 민주시민을 기르기 위해 그 어느 때보다 노력을 기울이고 있습니다. 사회구성원으로서 자율성과 책임감을 가지고 우리 삶에서 일어나는 다양한 일에 주체적으로 참여할 수 있는 학생을 길러내기 위해서입니다. 2019년 12월 27일 공직선거법 개정안이 국회 본회의를 통과하면서 선거 연령이 만 19세에서 만 18세로 하향 조정되었기에 앞으로 청소년들이 정치적으로 자신의 의사를 표현할 수 있는 기회 또한 확장되었습니다. 사회적 현안에 적극적으로 목소리를 낼 수 있게 된 셈이지요. 그렇다면 그에 걸맞게 다양한 사회적·정치적 사안에 대한 올바른 가치판단을 하고 실행할 수 있는 역량 또한 길러야 할 것입니다.

이제 학생들은 예전보다 더욱 자율적인 사고방식을 가지고 스스로의 생각을 가져야 합니다. 자신의 의견을 개진할 뿐 아니라 다양한 학교활동에 함께 참여하고 문제를 해결해나가는 역량이 학생들에게 필요합니다. 자기 스스로 역동적으로 학교생활을 만들어가고 불합리한 상황에 대해서는 당당하게 근거를 들어 자신의 생각을 펼칠 수 있는 능력이 필요한 것이지요.

민주시민교육에 대한 당위성은 법적으로도 근거를 지닙니다. 교육기본법 제2조(교육이념) "교육은 홍익인간의 이념 아래 모든 국민으로 하여금 인격을 도야하고 자주적 생활능력과 민주시민으로서 필요한 자질을 갖추게 함으로써 인간다운 삶을 영위하게 하고 민주국가 발전과 인류공영의 이상을 실현하는 데에 이바지함을 목적으로 한다."에서 볼 수 있듯이 공교육은 민주시민교육으로서의 역할을 감당해야 합니다. 독일의 경우 정치교육을 통해, 프랑스·영국·미국 등의 경우 시민교육을 통해 학교교육과정 속에서 학생들의 민주시민역량을 길러나가기 위해 노력하고 있습니다. 우리나라도 교육부 및 각 시도교육청 차원에서 민주시민교육 활성화를 위해 노력하고 있으며 이를 위해 교육기관의 리더 및 교사들을 위한 연수도 활발하게 진행하고 있습니다.

앞으로 우리 아이들은 삶 속에서 민주주의를 경험하고 실천하며 사회 및 정치적인 문제들에 대해 함께 고민해볼 수 있어야 합니다. 자신만의 삶이 아닌 타인의 삶에도 깊이 있는 관심을 가져야 하며 어떻게 하면 모두 함께 행복하게 살아나갈 수 있을지를 고민하고 실천해야 할 것입니다. 그러기 위해서는 사회 속 다양한 현안에 관심을 갖고 그에 대한 자신의 생각을 펼쳐갈 수 있는 토론 능력 또한 필요하겠지요. 제가 이렇게 엄마와 교사로서 저의 경험을 나누는 이유도 아이들이 그런 역량을 가지기를 바라는 마음에서 비롯한 것입니다.

아이들이 민주적이고 평등한 교육적 경험을 누릴 수 있도록 현장의 교사들 또한 열심히 노력하고 있습니다. 교실 속 수업 장면, 아이들과 함께하는 생활지도 장면에서도 민주적인 절차를 경험하고 느낄 수 있도록 애쓰는 것이지요. 수업방법이 참여형·협력형·토론형 수업으로 바뀌고, 다양한 프로젝트 중심의 수업이 활발하게 진행되고 있습니다. 과정을 중시하는 평가가 강조되고 토의, 발표, 구술, 보고서, 포트폴리오 등을 통해 길러지는 학생 스스로의 성장과 발달에 중점을 두는 것도 그 자체가 민주시민으로서 길러야 할 자질을 습득해나가는 과정이기 때문입니다.

그렇다면 민주시민으로 자라도록 학교에만 맡겨두면 될까요? 교육은 교사, 학생, 학부모가 모두 함께하는 것입니다. 교사는 교육과정을 운영해나가고, 학생은 스스로와 친구들의 삶에 책임이 있고, 학부모는 가정과 학교에서 교육을 위해 힘써야 할 부분이 있습니다. 앞으로의 학교는 점점 더 교육의 3주체인 교사, 학생, 학부모의 의견이 적극적으로 반영되어 운영될 것입니다. 더 나아가 지역사회의 요구 또한 적극적으로 수용하며 발전되어나가야겠지요.

학부모가 학교 교육과정 운영에 참여할 기회가 점점 많아지고 있는 만큼 학부모 또한 교육과정에 대한 문해력을 가져야 합니다. 교육 수요자의 의견이 반영되는 교육이 이루어지도록 부모 스스로 교육활동에 관심을 가지고 참여해야 합니다. 가정에서도 그러한 참여 및 실천이 생활화되도록 다양한 상황에서 아이들이 생각을 표현하고 그 의견이 반영될 수 있는 기회를 많이 제공해야 합니다. 생활 속에서 민주적인 경험이 쌓여나갈 때 진정한 민주시민으로 자라날 수 있으니까요.

✿ 단어 하나를 가지고 이야기를 나눠보세요.

때로는 단어 하나만으로도 대화를 이어갈 수 있습니다. 그 단어와 관련지어 엄마가 질문을 많이 던질 수 있다면 좋겠지요. 예를 들어 '꿈'이라는 단어를 가지고 하브루타를 한다고 생각해봅시다.

– 꿈이란 무엇일까?

– 꿈과 직업은 어떻게 다를까?

– 꿈을 이룬다는 것은 무엇일까?

– 꿈을 꼭 가져야만 할까?

– 꼭 꿈을 이루어야만 행복할까?

– 꿈을 이루기 위해 지금 이 순간 무엇을 할 수 있을까?

꿈 하나로도 이렇게 아이와 질문을 가지고 대화할 수 있습니다. 언제 어디서든 질문만 던질 수 있다면 대화는 자연스레 이어집니다.

03

실천하고
참여하는 엄마

동기는 당신이 갈 수 있게 이끌고
습관은 당신이 그곳에 도착할 수 있게 한다.
-지그 지글러(Zig Ziglar)

학부모의
학교 참여

학급 및 학교의 여러 행사에 참여하는 것이 자녀의 학교생활에 도움이
된다고 생각하여 도서도우미, 녹색어머니회 등 다양한 활동에 참여하는
학부모가 많습니다. 사실 자녀가 학교에서 자신감을 가지고 생활하는 데
도움이 되기도 합니다. 그런데 한편으로는 그렇게 참여하지 못하는 학부
모에게 곱지 않은 시선을 보내기도 하지요. '치맛바람'이라는 단어가 지
니는 의미를 생각해보면 그 상황을 짐작할 수 있을 것입니다.

혁신교육이 시작되면서 '학부모의 학교 참여'는 학교 교육과정 운영에서 매우 중요한 부분이 되었습니다. 학부모는 교사, 학생과 함께 공교육을 빚어나가는 주체입니다. 다양한 학교 행사를 지원하고 학생 교육과 관련한 중요한 결정에 의견을 제안하는 등 매우 의미 있는 역할을 담당할 수 있습니다. 그렇다면 혁신교육이 대두되기 이전에는 학부모가 학교활동에 참여하는 것이 왜 그렇게 부정적인 이미지로 비춰졌을까요?

  학부모로서 자신이 학교활동에 참여하는 것이 어떤 마음, 어떤 가치, 어떤 철학에서 비롯한 결정인지를 돌아보면 이유를 찾는 데 도움이 되리라 생각합니다. 자신의 자녀에게 도움이 된다는 생각만으로 학교활동에 참여한다면 자녀에게 불리한 일이 생기거나 학교에 서운한 일이 발생할 때 자신의 헌신이 허무하게 느껴질 수도 있습니다. 결국 자녀의 학교생활 적응만을 생각하며 학교활동에 참여한다면 다른 학부모들이 바라보는 '치맛바람'의 시선에서 완전히 자유로울 수는 없을 것입니다.

  '한 아이를 키우려면 온 마을이 필요하다.'는 아프리카 속담이 있습니다. 학부모의 학교 참여는 자녀를 넘어서야 합니다. 우리 모두의 아이들을 위한다는 생각으로 학교활동에 참여한다면 그 방향성은 달라집니다. 학교교육은 학교라는 울타리를 이미 넘었습니다. 학교, 학부모, 지역사회가 함께 교육공동체로 나아가고 있습니다. 학교현장에는 그러한 생각과 가치를 가지고 학교를 지원해주는 학부모가 많이 있습니다. 그러한 가치는 학교교육활동을 도와나가면서 생겨나는 마음이기도 합니다.

  '마을교육공동체'에 대해서도 이미 다 알고 있을 것입니다. 마을교육공동체는 혁신학교의 성장과 더불어 관심을 많이 받았습니다. 학교, 지역사회, 지방자치단체 등이 함께 연계해나가면서 교육의 가치를 공유하고 마을을 통해 학교와 학교 밖에서의 배움이 서로 연결되어 우리 아이들이 실질적인 삶의 역량을 기르도록 하자는 것입니다. 학부모가 학교교육활동에 참여할 때도 교육을 통해 마을과 학교가 함께 꿈꾸며 서로 연결되어가는 '마을교육공동체'의 가치를 함께 공유할 때 진정한 참여가 이루어질 것입니다.

아이들이 학교에 다니는 이유는 학력 향상만을 위해서가 아닙니다. 다른 아이들과의 경쟁에서 이겨 좀 더 돋보이기 위한 것도 아닙니다. 오히려 학교는 나만 앞서려는 마음을 옆으로 살짝 밀어놓고 공동체가 함께 살아가는 방법을 배우는 곳입니다. 앞으로 여러 사람과 더불어 살아갈 사회에서 경험해야 할 내적 갈등을 바람직한 방법으로 해결해나가는 연습을 하는 곳이기도 하지요. 인생을 살아보니 어떤가요? 공부 잘하는 것만이 그렇게 중요하던가요? 공부를 잘하면 다른 사람이 갖지 못하는 기회가 많이 주어지는 것은 사실입니다. 공부를 잘해야만 살아남을 수 있는 분야도 많고요. 하지만 우리가 늘 기억해야 할 것은 학교라는 공동체는 어느 한 아이가 아니라 '모든 아이를 위한 곳'이라는 사실입니다. 사회에서 모진 풍파를 겪기 이전에 학교에서만은 아이의 자존감이 단단히 자리 잡을 수 있도록 도와야 합니다.

학부모의 학교 참여는 교육기본법 제2조 제2항에 그 근거가 제시되어 있습니다. "학교 운영의 자율성은 존중되며, 교직원·학생·학부모 및 지역주민 등은 법령으로 정하는 바에 따라 학교 운영에 참여할 수 있다."에서와 같이 부모가 자녀 또는 아동의 교육과 관련하여 학교에 의견을 제시하는 것이 법적으로 보장되는 것이지요. 학부모가 학교와 행복한 동행을 이루어감으로써 아이들은 더 행복하게 학교생활을 할 수 있습니다. 교육의 장은 학교를 넘어서 가정까지 이어집니다. 결코 교사 혼자만의 힘으로 아이들을 교육할 수는 없습니다. 생활지도나 학력의 문제도 부모와 원활한 소통이 이루어질 때 훨씬 더 바람직한 방향으로 해결될 수 있습니다. 이러한 참여와 소통은 기본적으로 교육 주체 간의 신뢰가 바탕이 되어야 합니다.

학부모들은 기본적으로 학부모회를 통해 학교교육에 대한 의견을 제시할 수 있습니다. 학부모회에서 제안되는 의견들이 교육과정에 직접적으로 반영될 수도 있지요. 학부모회의 제도화는 학부모의 다양한 의견이 좀 더 민주적으로 학교 운영에 반영될 수 있도록 해줄 것입니다. 교육부는 2019 업무보고 보도자료(2018.12.10.)에서 초·중·고등학교의 학생회와 학부모회의 제도화를 통한 구성원의 학교 운영 참여 기반을 조성하고자 하였습니다. 학생회 법제화(초중등교육법 개정 추진) 및 학부모회 조례 제정 확산 지원을 통해 학생과 학부모가 학교 운영에 적극적으로 참여할 수 있는 것입니다. 학부모회를 중심으로 독서토론 소모임을 갖거나 학교에서 학생들에게 책을 읽어주는 등의 다양한 교육활동에 참여하는 학부모도 많습니다. 일부 학교에서는 학부모가 자신의 재능을 살려 교육기부를 실천하기도 합니다. 학교교육과정 운영에 참여함으로써 자녀교육과 교육정책에 더 관심을 갖고 학교교육에 동참하는 것이지요.

학교교육과정 운영에 참여하는 방법이 꼭 학부모회만 있는 것은 아닙니다. 학부모를 대상으로 한 다양한 연수, 강의에 참여함으로써 교육의 트렌드 및 교육정책의 방향을 함께 고민하는 것도 교육에 동참하는 또 하나의 방법입니다. 학교설명회, 학교교육과정계획을 위한 설문조사, 학부모 수업 공개, 학부모 상담주간 등에 적극적으로 참여하고 의견을 제시하는 것 또한 교육을 혁신해나가는 방법이 됩니다. 단지 내 아이를 보기 위해 학교에 가는 것이 아니라 함께 더 좋은 교육을 이루어가기 위해 학교행사에 관심을 갖고 참여해나가는 것이지요. 부모가 적극적으로 참여하는 모습이 바로 아이들에게는 '민주적인 삶의 실천'이라는 살아 있는 교육이 됩니다.

교육부, 각 시도교육청, 시도별 학부모지원센터, 자녀가 다니는 학교 등의 홈페이지를 잘 활용하면 학부모들을 위한 다양한 안내를 볼 수 있습니다. 교육제도 및 교육정책의 흐름, 교육과정 운영의 방향 등과 관련된 사항들을 숙지할 수 있지요. 앞으로의 교육과정은 각 지역의 특성을 살리고 지역과 연계한 교육활동들이 더욱 다양화될 것이기에 자녀가 다니는 학교가 속한 교육청 및 학교의 다양한 정보나 안내에 늘 귀를 기울일 필요가 있습니다.

교육적 흐름에 관심을 가질 때 교육기부, 교육자원 봉사 등의 다양한 활동에 참여할 수 있는 마음을 품게 되고 기회를 갖게 됩니다. 그러한 참여가 우리 아이들을 함께 키워나가는 힘이 되는 것입니다. 바람직하고 참된 교육의 가치에 대해 함께 고민하며 학교활동에 참여할 때에 비로소 내 자녀의 성장만을 바라보는 좁은 의미의 학교 참여에서 한걸음 더 나아갈 수 있게 됩니다. 학교교육을 바라보는 시선의 영역을 좀 더 확장시키고 교사, 학생, 학부모, 지역사회 모두가 교육공동체임을 인식하며 함께 나아가야만 하는 것입니다. 그럴 때 비로소 학교에서 내 자녀와 관련된 소소한 갈등에 일희일비하지 않고 모든 아이가 행복하게 성장할 수 있는 방법을 함께 고민해줄 수 있는 교육공동체의 동반자로서 나아갈 수 있을 것입니다.

 ## 예비 초등 학부모를 위한 팁

아이와 꾸준히 대화하고 하브루타를 해온 부모라면 학교 입학 후에도 지속적인 대화를 통해 아이의 학교생활을 함께 나눌 수 있을 것입니다. 부모와의 대화는 아이가 학교생활에 훨씬 잘 적응할 수 있도록 이끕니다. 초등학교 입학 초기에는 그 어느 때보다도 세심한 지도가 필요합니다. 아이에게도 학교는 처음 다니는 곳이고, 학부모도 어릴 적에 학교생활을 하기는 했지만 아이를 학교에 보내는 것이 첫 경험이기 때문에 그렇습니다. 학교생활에 대해 아이와 자주 대화를 나누는 것은 매우 중요한 일입니다.

아주 기본적인 생활습관부터 자녀의 전반적인 학습 및 친구관계에 이르기까지 공감의 언어로 묻고 대화해야 합니다. 저는 첫째아이가 1학년이었을 때 그것을 잘하지 못해서 많이 힘들었습니다. 엄마 마음속으로는 더 잘해주었으면 좋겠는데, 그 마음을 아이와 대화로 풀어나간 것이 아니라 지시로 해결하려고 했지요. 그래도 그런 시행착오가 엄마로서의 성장에 도움이 되었습니다. 지금 엄마로서 자신의 모습이 어떠하든지 늘 더 좋은 엄마가 될 수 있다는 희망은 있습니다.

1학년 생활에서 중요한 것은 기본생활습관을 익히는 것입니다. 화장실 사용, 정수기 사용, 책상과 사물함 정리정돈, 청소, 급식, 가정통신문 챙기기까지 교실에서 담임교사가 일일이 지도하기는 하지만 가정에서도 그러한 학교생활습관이 잘 형성되고 있는지 살펴봐주고 이야기 나누면 좋습니다. 1학년 때 기본생활습관을 잘 익혀놓으면 초등 6년을 생활하는 데 큰 도움이 됩니다.

학교에 입학하면 교실 청소도 아이들이 직접 하게 되고, 스스로 방과 후 교실도 찾아가야 합니다. 급식을 먹고 자신의 식판도 정리해야 하며, 학교에서 배부하는 가정통신문도 잘 챙겨와야 합니다. 요즘에는 스마트폰 앱을 활용하여 안내장이 배부되고 설문을 하는 학교가 많아지긴 했지만요. 여하튼 1학년은 생각지도 못한 의외의 상황에서 실수하거나 난처해하기 때문에 하루 일과를 시간별로 쭉 함께 돌이켜보며 아이가 힘들어하는 부분은 없는지 끊임없이 귀 기울여주어야 합니다.

수업시간에 화장실에 가고 싶지만 손을 들지 못하는 아이도 있고, 급식을 먹을 때 먹기 힘들거나 알레르기가 있는 음식이 있는데 미처 선생님에게 말하지 못하기도 합니다. 알레르기가 있는 경우 학기 초에 조사를 실시한 후 보건실, 급식실과 연계하여 담임교사가 지속적으로 주의를 기울이기는 하지만, 가정에서도 계속 지도해주는 것이 좋습니다. 혹여나 아이가 학교에 가기 싫어하거나 학교를 가기 전 또는 학교에서 자주 아프다고 표현하면 분명 학교생활에서 힘든 부분이 있는 것입니다. 아이가 학교에서 돌아오면 학교생활에서 즐거웠던 부분이나 속상했던 일을 나누어보세요.

　학교에서는 1학년 담임교사를 선정할 때 매우 고심합니다. 대부분 경력이 어느 정도 있는 교사를 배정하지요. 그만큼 1학년 아이들을 지도하는 것은 어렵기 때문입니다. 학부모가 1학년 담임교사들을 믿고 아이들을 맡겨준다면 담임교사도 그 신뢰를 바탕으로 아이들을 잘 지도해줄 것입니다. 때로는 마음이 속상하거나 무언가 삐걱거리는 때도 있겠지요. 그럴 때일수록 교사와 학부모가 서로의 마음이 다치지 않게 배려하고 존중하며 신뢰를 깨뜨리지 않는 것이 중요합니다. 그것이 바로 아이들을 위한 길입니다. 학부모와 교사 간에 빚어지는 존중의 관계는 아이들이 학교생활을 긍정적으로 바라볼 수 있게 해줍니다. 그 반대가 되면 아이들이 학교에 대해 부정적인 인상을 갖게 됩니다. 바르지 않은 것은 시정해야겠지만, 마음이 부딪칠 때는 서로의 마음을 이해해주려는 쌍방의 노력이 필요합니다.

　1학년 때는 학교생활 동안 아이의 마음이 행복하도록 신경 써주는 것이 그 어떤 것보다 중요합니다. 공부도 마음이 평안할 때 잘할 수 있습니다. 특히 어린아이들의 경우에는 더 그렇습니다. '나는 학교생활을 잘하고 있고 무엇이든 잘 해낼 수 있다.'라는 마음가짐을 갖게 해준다면 1학년 생활은 성공한 것이라고 말할 수 있습니다. 이러한 마음가짐을 위해 부모가 늘 기억해야 할 것 중 하나는 아이 스스로 결정할 수 있는 기회를 주는 것입니다. 자녀가 해야 할 공부에서부터 입을 옷까지 엄마가 모두 결정해준다면 아이는 스스로 선택할 기회, 자신의 선택에 책임질 기회를 가질 수 없습니다. 자기가 한 결정을 통해 무언가를 성취해냈을 때 긍정적인 자아개념을 가질 수 있습니다. 그러한 경험이 켜켜이 쌓여나갈 때 학교생활을 행복하게 해나갈 수 있는 자존감이 자라납니다.

"네 생각은 어때?", "넌 어떻게 하면 좋을 것 같아?"라는 질문을 생활화해보세요. 아이의 마음이 하루하루 행복하게 자라날 것입니다. 가정에서 부모와 대화하고 하브루타하며 지내는 것이 습관화되면 학교에서 친구들과 지내다가 갈등이 생길 경우에도 짜증부터 내는 것이 아니라 대화로 풀어갈 수 있는 마음의 여유를 갖게 됩니다. 제가 1년 내내 교실 속 아이들을 생활지도하면서 신경 썼던 것 중 하나도 바로 그것입니다. 서로 왜 그랬는지 물어봐주며 대화로 평화롭게 해결해나가도록 이끌어주는 것이지요.

교사가 갈등을 평화롭게 해결해나가려는 모습을 보여주면 학급 아이들은 자신도 모르게 담임교사의 갈등 해결방식을 따라 하게 됩니다. 부모와 자녀도 마찬가지입니다. 갈등이 발생하는 상황에서 부모가 먼저 아이의 마음이 다치지 않게 문제를 해결해나가려고 애쓰면 아이도 그 모습을 닮아가게 됩니다. 평화롭게 이야기를 나누고 상대방의 의견을 물어봐주는 대화 방식에 익숙한 아이들은 친구를 사귀는 데도 힘들 것이 없습니다. 자연스럽게 친구와 친해질 수 있는 것이지요.

상대방의 마음을 묻는 질문과 함께하는 의사소통방식에 익숙하지 못하고 지시나 통제하는 환경에 익숙한 아이들은 친구를 사귀는 데도 친구와 친해지고 싶은 자신의 실제 마음과는 다른 방식으로 행동하게 됩니다. 같이 놀고 싶은데 툭툭 건드린다든지, 부정적 관심을 끄는 행동으로 오히려 친구들의 마음이 멀어지게 만듭니다. 의사소통에 익숙하지 못한 것이지요. 그런 친구들일수록 부모가 더욱 아이의 대화 상대가 되어주고 의사소통을 연습할 수 있도록 해주어야 합니다.

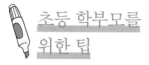

초등 학부모를 위한 팁

여러분은 행복한 부모인가요? 부모가 행복할수록 자녀도 행복해질 가능성이 높습니다. 앞서 초등 1학년 생활과 관련해서도 말씀드렸지만 초등 6년은 '내가 참으로 멋진 사람이고, 난 뭐든지 잘 해낼 수 있다.'는 마음가짐을 심어주는 것이 매우 중요합니다. 그러한 마음은 아이의 하루하루가 행복할 때 마음속에 깊숙이 자리하는 것입니다. 자녀가 행복하기를 원한다면 아이가 갖는 감정에 늘 관심을 가져야 합니다.

그 방법 중 하나가 매일 아이가 학교에서 경험한 일에 대해 물어봐주고 공감해주는 것입니다. 온전한 공감을 위해서는 최선을 다해 잘 들어주는 것이 중요합니다. 때로는 아이가 말하거나 주장하는 것이 부모가 듣기에는 전혀 납득이 되지 않는다 하더라도 일단은 '왜 자녀가 그런 생각을 하게 되었을까?'를 아이의 입장에서 함께 생각해주고 맞장구 쳐주는 것이 중요합니다. 그렇게 부모가 자신의 입장을 전적으로 이해해준다는 안도감이 들면 아이들은 마음의 여유를 갖고 상황을 객관화하여 생각해볼 수 있게 됩니다.

학교생활에서 친구를 사귀거나 공부를 할 때 꼭 필요한 자세도 바로 경청의 자세입니다. 수업시간의 공부도 교사의 설명이나 수업활동에 대한 안내를 경청하는 것에서부터 시작됩니다. 친구들과 모둠활동을 하거나 쉬는 시간에 놀이를 할 때도 상대방의 말을 귀담아듣지 않고, 내가 말하고 싶은 것만 주장한다면 온전한 친구관계를 만들어갈 수 없습니다. 교실에서 친구들에게 인기 있는 아이들의 특징은 친구들의 말을 잘 들어주고 배려를 잘해준다는 것입니다.

　저는 교실에서 종종 경청 역할놀이를 했습니다. 경청의 중요성을 아이들에게 알려주기 위해서이지요. 경청이 왜 중요한지, 경청을 해주지 않으면 어떤 느낌이 드는지, 어떤 상황이 발생하는지를 아이들이 느낄 필요가 있습니다. 둘씩 짝을 지어 한 명은 말하는 사람, 한 명은 듣는 사람이 됩니다. A라는 친구가 말할 때 B친구는 경청을 하지 않고 딴청을 해봅니다. 딴짓하거나 옆 친구와 말한다든지 하며 경청하지 않는 것이지요. 그렇게 1분 정도 역할놀이를 해본 후 역할을 바꾸어서 해보도록 합니다. 서로 상대방이 경청하지 않는 상황을 경험해보도록 하는 것입니다. 이 상황을 통해 아이들은 경청을 하느냐 안 하느냐에 따라 상대방의 기분이 달라진다는 것을 알게 됩니다. 자녀와 함께 경청놀이를 한 번 해보세요. 부모 스스로도 경청의 소중함을 느낄 수 있게 될 것입니다. 경청의 습관이 몸에 밸 때 아이들은 매일매일 교실 안에서 더 행복하게 공부할 수 있습니다.

　자신을 사랑할 줄 알며, 자존감과 자신감을 가지고 타인의 의견에 경청할 줄 안다면 아이는 분명 행복한 초등생활을 할 수 있습니다. 부모라면 누구든 다 알고 있는 사실이기도 합니다. 문제는 아이가 그렇게 자라도록 수용적인 부모로서의 삶을 실천해야 하는데 그것이 쉽지 않다는 것입니다. 특히 지금까지 부모로서 자신의 모습이 바람직하지 못했다는 생각이 들 때, 부모 스스로가 갖는 자책감은 아이에게나 부모 자신에게 더 좌절감을 주기도 합니다. 그러나 자신의 모습이 부족하다고 느낄 때가 오히려 상황을 더 좋게 만들어갈 수 있는 최적의 때입니다.

아이들의 마음은 정말 백지장과 같아서 부모가 해주는 격려의 말 한마디나 자신을 지지해주는 작은 행동에도 마냥 행복해합니다. 유아기 시절에 엄마와의 안정적 애착이 제대로 이루어지지 못했다 하더라도 언제든 엄마는 아이와 애착 형성을 다시 시작할 수 있습니다. 물론 아이의 마음이 불안했던 만큼 더 많은 시간이 필요할 것입니다.

아이의 마음과 성격 형성에는 부모가 차지하는 부분이 큽니다. 초등 고학년이 되면 몸이 많이 자란 것 같아 저학년 때보다는 엄마의 돌봄이 덜 필요한 것처럼 느껴질 수 있습니다. 그래도 초등시절 아이들은 절대적으로 부모의 사랑을 먹으면서 마음이 자랍니다. 학교생활과 관련된 모든 것에 일일이 관여하기보다는 부모가 자신의 삶을 열심히 살아나가며 자녀에게 변함없는 사랑과 관심을 보여줄 때 아이의 자존감은 더 탄탄하게 자리 잡습니다. 부모가 늘 반걸음 뒤에서 아이 스스로의 결정을 지원해주는 역할을 감당해줄 때 자녀는 자신의 삶을 더 주체적으로 살아나갈 수 있게 됩니다.

요즘 학생들은 학교에서 친구들과 생활하며 발생하는 작은 일에도 굉장히 예민하게 반응하는 경우가 많습니다. 아주 소소한 일이 학교폭력 사안으로까지 번지게 되는 일도 있기에 조금이라도 다른 친구들에게 피해가 가는 행동은 조심하도록 지도해주어야 합니다. 예전 같으면 서로 화해하고 지나칠 일도 학교 문화가 변화함에 따라 학교폭력 사안으로 처리하게 되고, 양쪽의 이해관계가 대립되는 경우 심하면 법정까지 가기도 합니다. 어쩌면 친구의 잘못을 이해해주고 용서해주라고만 말할 수 없는 시대에 이르게 된 것입니다. 참 씁쓸하기도 합니다.

갈등이 발생했을 때 그것을 평화적인 방법으로 해결하며 학생들의 회복적인 성장을 도모해야 하는데 행정적인 절차가 우선시되어버린 것입니다. 물론 피해 학생 보호를 위해 그러한 제도적 보장은 매우 중요합니다. 하지만 화해와 회복을 가르치기보다는 잘잘못을 세밀히 따지고 '학교폭력'이라는 따사롭지 않은 단어로 학생들의 갈등 상황을 바라봐야 하는 시대가 되어버렸지요. 그만큼 학교폭력의 피해가 심각하다는 반증입니다. 2019년 9월 1일부터 교육적 지도를 통하여 학생간의 바람직한 관계회복이 이루어질 수 있도록 학교자체해결제가 시행된 이유 중 하나도 학교에서 학교폭력 사안을 하나의 행정적 업무로서가 아닌 교육적으로 해결할 수 있도록 이끌기 위해서입니다.

학교자체해결제

교육부는 2019년 1월 30일에 보도자료를 통해 학교폭력에 대해 엄정 대처하고 교육적 해결을 지원할 수 있도록 학교폭력 대응절차 개선을 추진한다고 밝혔습니다. 학교폭력에 대한 엄정 대처를 위해 학교에 설치된 학교폭력대책자치위원회를 교육지원청으로 이관하고(2020.3.1.이후), 교육적 해결이 바람직한 사안에 대해서는 학교자체해결제를 적용하며, 교내선도형 가해학생 조치(1~3호)는 1회에 한하여 생활기록부 기재를 유보한다는 것이 그 주요 내용입니다. 「학교폭력예방 및 대책에 관한 법률」 제13조의2 제1항에서는 학교자체해결제와 관련하여 다음과 같이 규정하고 있습니다.

학교폭력이 발생한 사실을 신고받거나 보고받은 경우, 가해학생이 협박 또는 보복한 사실을 신고받거나 보고받은 경우에도 피해학생 및 그 보호자가 학교폭력대책심의위원회(교육지원청에 설치)의 개최를 원하지 아니하는 다음 각 호에 모두 해당하는 경미한 학교폭력의 경우 학교의 장은 학교폭력 사건을 자체적으로 해결할 수 있습니다. 이 경우 학교의 장은 지체 없이 이를 심의위원회에 보고하여야 합니다.

1. 2주 이상의 신체적·정신적 치료를 요하는 진단서를 발급받지 않은 경우
2. 재산상 피해가 없거나 즉각 복구된 경우
3. 학교폭력이 지속적이지 않은 경우
4. 학교폭력에 대한 신고, 진술, 자료제공 등에 대한 보복행위가 아닌 경우

부모와 교사는 아이가 친구들과 안정된 관계를 유지하도록 돕고, 갈등이 발생하더라도 피해를 준 경우 자신의 잘못을 즉시 인정하고 사과할 수 있는 자세를 지니도록 지속적으로 지도해야 합니다. 피해를 입은 경우 혼자만 마음속으로 품고 있지 말고 부모와 선생님에게 즉시 도움을 요청할 수 있도록 끊임없이 환기시켜주어야 합니다.

스마트폰의 발달이 더 심각한 학교폭력 상황을 가져오기도 했습니다. 온라인에서의 학교폭력은 그것이 해결된 다음에도 기록과 증거가 남기에 어쩌면 아이에게 더 지워지지 않는 기억으로 남게 됩니다. 학교에서도 교육과정 안에서 인터넷·스마트폰 중독 예방교육 등을 통해 온라인상에서 발생할 수 있는 다양한 폐해에 대해 지도하고, SNS에서 지켜야 할 예절 등에 대해서 끊임없이 지도합니다. 무엇보다 중요한 것은 부모의 지속적인 관심입니다. 자녀가 활용하는 앱, 자주 대화하는 친구들 등과 관련해서 정기적으로 묻고 대화해보아야 합니다. 아이가 마음을 터놓고 이야기할 수 있으려면 평소 아이의 마음에 귀 기울여주는 분위기가 형성되어 있어야 합니다. 학교폭력은 예방이 더 중요합니다.

아이에게 사랑한다는 표현을 자주 해주세요. 저도 집에서뿐만 아니라 학교에서도 우리 반 아이들에게 사랑한다는 말을 자주 해주려고 노력했습니다. 아침마다 혹은 집에 갈 때마다 사랑한다는 말을 해주면 아이들에게 학교와 선생님을 좋아하는 마음이 더욱 커지게 됩니다. 이는 교육적 효과로 연결됩니다. 사랑의 마음을 가지면 무엇이든 즐겁게 할 수 있기 때문입니다. 아이의 마음에 사랑이 가득차면 다툴 일도 줄어듭니다.

자녀가 똑같은 실수나 잘못을 하게 되면 짜증도 나고 화도 납니다. 그러나 나쁜 습관, 바람직하지 못한 태도 등이 하루아침에 바뀔 수는 없습니다. 그것을 바꿔나갈 수 있도록 부모와 선생님이 긍정적인 피드백을 주는 것이 굉장히 중요합니다. 긍정적인 피드백 중 가장 중요한 것이 매일 아이를 사랑의 눈으로 다시 바라봐주는 것입니다. 이전의 실수나 잘못은 모두 잊었다는 듯이 늘 새로운 마음으로 아이를 바라봐주는 것이지요.

저도 예전에 늘 저를 힘들게 하는 한 아이가 정말 미울 때가 있었습니다. 미워하는 마음이 생기면 미움을 갖는 당사자도 힘든 법인지라 제 마음이 참으로 힘들었습니다. 그러나 학생이 미워지는 순간 더 이상 행복한 배움은 이루어질 수 없기에 매일 아침 그 아이를 처음 만나는 거라고 주문을 외우듯이 일부러 마음속으로 되뇌었습니다. 실제 그런 노력이 그 학생에 대한 고정관념을 없애는 데 큰 도움이 되었습니다.

아이의 잘못을 훈계할 때는 낮은 목소리를 유지하는 것이 도움이 됩니다. 교사는 교실에서 친구들을 자주 괴롭히거나 나쁜 언어를 사용하는 아이를 볼 때마다 화가 마음속에서 올라옵니다. 하지만 그 순간을 잘 참아내려고 늘 노력합니다. 부모도 아이가 잘못했을 때 바로 큰소리로 혼을 내거나 화를 내지 않기 위해 노력해야 합니다. 교사도 부모도 아이들을 지도할 때 침착하게 상황에 대해 묻는 것을 연습해야 합니다. 낮은 목소리로 말하면 마음에 어느 정도 평정심이 생깁니다. 큰소리로 다그치는 것보다 오히려 더 말에 힘과 의미를 실어 단호하게 훈계할 수 있습니다. 아이의 잘못을 단도직입적으로 꼬집기보다는 "어떤 일이 있었는지 설명해줄 수 있니?", "그렇게 한 이유를 말해줄 수 있니?", "지금 어떤 기분이니?", "억울한 것은 없니?", "앞으로 네가 어떻게 하면 좋을까?" 같은 질문을 적절하게 활용하여 아이가 스스로 상황을 돌아보고 자신의 잘못을 발견할 수 있도록 도울 수 있습니다. 특히 아이에게 억울한 부분이 있는지를 물어보는 것은 아이의 마음을 다독거려주는 데 매우 큰 힘이 됩니다. 아이의 마음과 생각을 존중하다 보면 아이는 믿는 모습 그대로 자라날 것입니다.

하브루타 대화법 TIP

✿ '어떻게 하면 좋을까?'라는 표현을 습관화해보세요.

아이에게 해야 할 일이나 고쳐야 할 일에 대해 엄마의 생각을 제시하기 전에 꼭 "어떻게 하면 좋을까?" 하고 아이의 의견을 물어보세요. 물건을 고르거나 여행을 계획하거나 외식을 할 때도 꼭 자신의 생각을 제안하고 표현할 기회를 주어야 합니다. 어릴 때부터 자신의 생각이 받아들여지는 경험을 한 아이들이 학교에서도 발표를 잘하고, 사회에 나가서도 자신의 생각과 의견을 잘 표명할 수 있습니다.

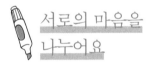

04

함께 나누며
성장하는 엄마

우리의 생각이 우리를 만든다.
-데일 카네기(Dale Carnegie)

서로의 마음을
나누어요

학부모가 되면 아이가 자라나는 만큼 활동 반경도 조금씩 넓어집니다. 특히 1학년 때는 친구를 사귀는 데 도움이 되도록 엄마들도 모임을 시작하는데, 그런 모임이 아이의 사회성 향상에 도움이 되기도 합니다. 등하교 시 서로 얼굴을 마주하고, 때로는 아이들을 학교에 보낸 후 엄마들만의 오붓한 시간을 갖기도 합니다. 어쩌면 육아에 지친 몸과 마음이 아이 친구 엄마들과 함께하면서 위로받기도 합니다. 저 또한 3년 동안 육아휴직을 하며 겪은 과정입니다. 제 인생에서 어쩌면 그렇게 여유롭고 행복한 순간이 있었을까 싶을 정도로 하루하루 아이 친구 엄마들과 재미있게 지냈습니다.

아이의 학교생활과 관련된 정보도 교환하고, 어려운 일이 있을 때는 서로 돕기도 하면서 지속적으로 관계를 유지해나갑니다. 나름의 갈등도 있지만 보통 아이가 1학년 때 결성된 학부모 모임은 꽤 오랜 세월을 거쳐 끈끈한 관계를 이어나갑니다. 저도 휴직이 끝나고 나서 휴직 당시 친하게 지냈던 동네 엄마들로부터 많은 도움을 받았습니다. 지금 생각해도 참 고맙습니다.

같은 동네에 살고, 함께 아이를 키우는 엄마들은 직장생활을 하며 만난 관계가 아니기에 조금은 더 자신의 마음을 내어주고 편안하게 모임을 유지해갈 수 있습니다. 아이에 대해 고민을 나누고, 아이의 교육과 관련된 체험활동이나 여행 등을 함께하면서 마음을 나누는 관계로 발전해나가지요. 엄마로서의 동반자를 만나게 되는 것입니다. 때로는 남편보다 더 내 맘을 잘 알아주는 친구가 되기도 하지요. 학창시절의 친구들과 조금은 다른 듯 하면서도 어찌 보면 비슷한 느낌의 따사로운 관계입니다.

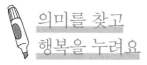
의미를 찾고 행복을 누려요

저는 교사로 생활하며 참으로 역량 있는 학부모를 많이 보았습니다. 그래서 아이 친구 엄마 모임이 그냥 이야기만 나누는 모임에서 끝나는 것이 아니라 어떤 의미를 찾아가면 좋겠다는 생각을 많이 했습니다. 만나서 대화를 나누고 즐거운 시간을 갖는 것도 그 자체로서 재미있고 의미 있는 활동이지만 그러한 시간들만 지속되다 보면 때로는 허전함이 느껴지기도 하기 때문입니다. 또한 자녀로부터 시작된 모임이다 보니 자녀와 연관된 상황에서 갈등이 발생할 때는 그러한 마음이 더 커지기도 합니다.

저는 학부모 모임이 친목을 넘어 때로는 '의미'를 찾아가야 할 필요가 있다고 생각합니다. 자녀 및 학교와 함께 연결되었기에 그 모임이 지닌 힘과 가치는 매우 크기 때문입니다. 아주 작은 것에서부터 시작할 수 있습니다. 함께 아이들을 위한 그림책을 공부해볼 수도 있습니다. 저는 제가 직접 동네 아이들을 모아 그림책을 읽어주고 책놀이하는 시간을 가지기는 했지만 엄마들과 공부하는 모임은 만들지 못했던 것이 아쉽습니다. 교사들이 학습공동체를 통해 공부하고 하브루타하는 것처럼 언젠가는 함께 자녀를 키우던 추억을 공유한 동네 엄마들과 다시 만나 꼭 의미있는 시간들을 갖고 싶다는 바람이 있습니다.

혁신학교를 비롯하여 학부모의 학교 참여가 활발하게 이루어지는 학교에서는 자체적으로 독서토론 모임을 형성하여 함께 공부한 것을 토대로 학교에 교육 기부를 하기도 합니다. 제가 근무하던 학교에서는 놀이교육 동아리 학부모들이 학생들을 위한 놀이수업으로 교육과정에 함께 참여해주셨습니다. 꼭 학교가 아니어도 지역 내에서 동네 아이들을 위한 교육환경을 만들어줄 수도 있습니다. 마을이 함께 아이들을 키워간다는 것은 바로 이런 것이 아닐까요?

공동체가 가지는 힘은 굉장히 큽니다. 혼자 할 때는 소소해 보이는 것이 함께 모이면 강한 힘을 발휘합니다. 학부모들의 역량이 모이면 아이들 교육에도 크게 도움을 줄 수 있습니다. 때로는 내 아이 주변만이 아니라 지역 복지센터 등을 통해 교육 소외 계층의 아이들을 도울 수도 있습니다. 학교교육에서 학부모의 역할이 중요해진 만큼 개인적으로도, 사회적으로도 학부모들이 함께 힘을 모아 교육에 힘을 실어주는 것은 의미있는 일이 아닐 수 없겠지요.

교사들도 교사학습공동체를 통해 아이들의 생활지도 방법에 대해 서로 이야기를 나누고 더 나은 수업을 위한 고민을 함께하면서 교사로서의 진정한 의미를 찾아갑니다. 누가 알아주기를 바라며 연구하고 고민하는 것이 아니라 교사 스스로의 내재적 책무성에 의해 수업의 의미를 찾아나갈 때 교사로서의 행복을 느낍니다. 학부모 공동체도 아이들의 교육을 함께 고민하며 돕는 역할을 감당해나갈 때 교육의 주체로 설 수 있습니다. 학생들의 교육에 대해 고민하고 그 안에서 의미를 찾아가는 과정이 삶에서 만날 수 있는 또 다른 행복의 통로가 될 수 있는 것이지요.

즐겁고 안락한 시간을 충분히 보내는 것만이 행복이라고 말할 수는 없습니다. 내가 원하는 무언가를 다 가지는 것만이 행복이라고도 할 수 없습니다. 행복은 결코 겉으로 드러나는 결과 그 자체가 아니라는 뜻입니다. 어쩌면 잔잔한 일상이 평화롭게 이어지는 모습 그대로가 행복일 수도 있습니다. 내가 가족 및 다른 사람들과 편안한 관계를 맺어가고, 그 안에서 소소할지라도 하루하루를 나름대로 의미 있게 보낸다면 그 시간과 과정 자체가 행복입니다. 내가 의미를 둔 무언가에 소명의식을 가지고 더 열심히 꾸려나갈 때 행복은 더 커지겠지요. 저는 학부모들의 공동체가 '교육'에 의미를 두고 함께 고민하며 그 안에서 잔잔하게 이어지는 행복을 찾아나갔으면 좋겠습니다.

행복이란 순간적인 경험과 짧은 시간 동안의 즐거움이라기보다는 여러 챕터를 펼쳐가며 전개되는 삶의 전반적인 서술이라고 볼 수 있다.
-G. R. Beabout & M. Hannis, 『Ethics: The Art of Character』

함께
성장해요

어떤 분야에서든지 10년 이상을 종사하면 어느 정도는 전문가라고 할 수 있을 것입니다. 그런데 부모는 10년이 아니라 그 이상 역할을 감당하며 살아갑니다. 아이가 학교에 입학하여 졸업할 때까지 학부모로 살아가는 시간은 그 자체가 더 좋은 부모로 성장해나갈 수 있는 기회가 됩니다.

저는 개인적으로 학습지 선생님들이 참 존경스럽습니다. 교사가 교실에서 아이들을 만나는 것보다 더 세밀하게 아이들 한 명 한 명을 만나면서 아이들 각자가 지닌 학습적 특성을 파악하고 공부 방법을 안내해주니까요. 그런데 그보다 더 존경스러운 사람은 사교육에 의존하지 않고 집에서 아이들을 직접 가르치며 잘 키우는 부모입니다. 어쩌면 자녀들을 그리 잘 지도하는지 부럽기도 합니다.

저는 사실 그렇게 세심하게 제 아이들을 돌보지 못합니다. 일에 지쳐 제 몸이 피곤하면 밥도 스스로 차려먹으라고 할 정도로 말이지요. 때로 제가 지나치게 바쁠 때는 "엄마 밥 좀 챙겨서 책상으로 가져다 줄래?"라고 부탁하기도 합니다. '자녀들에게 스스로 하는 기회를 주는 거야.'라는 나름의 평계를 대면서 말이지요. 그런데 한결같이 아이의 알림장을 체크해주고, 과제를 잘 해결할 수 있도록 지도해주며 도서관에서 꾸준히 책을 빌려 아이의 독서력을 향상시켜주는 학부모를 보면 제 모습이 부끄럽습니다. 알림장에 하브루타 과제를 내주고 우리 반 아이들의 학교생활과 관련한 이런저런 관심을 부탁드리면서도 정작 제 아이의 알림장은 거의 확인해주지 못했습니다. 엄마가 할 일이 너무 많으니 미안하지만 스스로 잘 챙기면 좋겠다고 지속적으로 이야기하지요.

저는 학부모로서의 성장은 더딘 것 같습니다. 많은 학부모가 학부모로서의 성장을 하는데 그 성장 경험을 함께하면 학교교육에 더 의미가 있을 것입니다. 모여서 재미를 찾고 힐링하는 것뿐만 아니라 자신의 경험을 나누고, 그 경험과 연관된 공부를 함께하며, 자녀의 학교와 지역사회를 위한 나눔 활동을 할 수 있다면 그것은 공동체의 성장이자 자신의 또 다른 성장입니다.

우리의 삶은 의미 있는 무언가에 몰입하고 매일 자라는 식물처럼 조금씩 성장해나갈 때 더 행복합니다. 내 아이와 매일 질문하고 대화하면서 개인적으로 엄마로서의 성장을 경험하고, 주변의 엄마들과 하브루타로 공부하며 공동체로서의 성장을 경험한다면 엄마의 길은 '고됨'보다는 '보람'의 빛깔로서 다가올 것입니다. 제가 제 아이들, 우리 반 아이들, 그

리고 제가 사랑하는 교사들과 함께 하브루타하며 행복한 엄마와 교사의
길을 천천히 걸어왔던 것처럼 말이지요.

하브루타 대화법 TIP

✲ 매일 아이에게 "사랑해!"라고 말해주세요.

아이와의 질문, 대화, 토론, 논쟁을 위해서는 무엇보다도 아이와의 관계가
우선입니다. 좋은 관계가 형성되어 있지 않으면 그 어느 것도 할 수 없습
니다. 아이와 행복한 관계로 맺어져 있다면 무엇을 해도 즐겁고 행복합니
다. 아이와의 친밀한 관계를 위해서는 아이에게 사랑의 마음을 표현하는
것이 중요합니다. 표현할 때 사랑은 더 커지니까요. 지금 이 순간 "○○야,
사랑해!"라고 말해주세요.

엄마와 교사들이
조금 더 행복해지기를 바라며

2007년 처음 블로그를 만들었습니다. 제게 주어진 육아휴직 3년이라는 한정된 시간을 소중히 보내고 싶어 아이를 키우던 일상을 적어놓곤 했지요. 밤에 아이들을 재우고 나서 디지털 카메라로 찍었던 사진과 함께 비공개로 글을 올리거나, 때로 누군가에게 도움이 될 만한 글은 공개로 올려놓기도 했습니다. 그러다가 스마트폰이 나와 사진을 바로 찍어 블로그에 올릴 수 있게 되었지요. 제가 직접 경험한 육아와 수업에 대한 소소한 기록들 덕분에 책을 완성할 수 있었습니다.

하브루타의 마중물이 되어주셨던 고 전성수 교수님의 가르침을 시작으로 가정과 교실에서 하브루타를 실천하며 느꼈던 행복감이 무척 컸습니다. 너무나 바쁜 초등교사의 삶이었지만 늦은 밤 또는 새벽에 실천의 기록들을 남기는 일이 참으로 재미있었습니다.

『아이의 마음을 여는 하브루타 대화법』 집필을 시작하고 마무리하기까지 2년이 넘는 시간이 걸렸습니다. 학교일과 집안일로 정신이 없어 몇 달 동안은 한 글자도 쓰지 못하기도 했습니다. 그래도 콩이와 은이를 키우던 시간들을 돌아보며 제가 겪었던 실수를 통해 누군가에게 도움이 될 수 있는 글을 쓴다는 보람이 컸습니다.

각 가정에서 예쁘게 자라나는 아이들을 키우느라 지쳐 있을 엄마들, 그리고 숨 가쁜 교실 현장에서 부모의 마음으로 아이들을 위해 애쓰고 계시는 교사들께 이 책이 조금이나마 도움이 된다면 더할 나위 없이 기쁘겠습니다. 늘 가정과 교실을 위해 헌신하는 엄마와 교사들이 조금 더 행복해지기를 바라며 마음으로나마 응원하고 지지합니다.

참고문헌

단행본

김금선(2015). 『하브루타로 크는 아이들』 서울: 매경출판사.

나명철(1994). 『문학의 이해』 서울: 문예출판사.

서용선 외(2016). 『마을교육공동체란 무엇인가? 탄생, 뿌리 그리고 나침반』 서울: 살림터.

서울대학교 교육연구소(2006). 『교육학용어사전』 서울: 도서출판 하우.

신영복(1998). 『감옥으로부터의 사색』 파주: 돌베개.

전병규(2016). 『질문이 살아나는 학습대화』 파주: 교육과학사.

전성수(2012). 『부모라면 유대인처럼 하브루타로 교육하라』 고양: 예담프렌드.

전성수(2012). 『자녀교육혁명 하브루타』 파주: 두란노.

전성수, 고현승(2015). 『질문이 있는 교실(중등편)』 서울: 경향BP.

전성수, 양동일(2014). 『질문하는 공부법 하브루타』 서울: 라이온북스.

조석훈(2009). 『교육학의 유혹』 파주: 교육과학사.

조세핀 김(2014). 『교실 속 자존감』 서울: 비전과리더십.

하브루타수업연구회(2015). 『질문이 있는 교실(초등편)』 서울: 경향BP.

하브루타수업연구회(2017). 『하브루타수업이야기』 서울: 경향BP.

후쿠하라 마사히로(2014). 『하버드의 생각수업』 서울: 엔트리.

Blaise Pascal(1960). Pensees, presentees par Louis Lafuma, J. Delmas et Cie, 3eedition; 이환 옮김(2003). 팡세. 서울: 민음사.

Boteach, Shmuley(2006). 10 Conversations You Need to Have With Your Children; 정수지 옮김. 유태인 가족대화. 서울: 랜덤하우스 코리아.

Cecile Andrews(2013). Liveing Room Revolution: A Handbook for Conversation, Community and the Common Good; 강정임 옮김(2013). 유쾌한 혁명을 작당하는 공동체 가이드북. 서울: 한빛비즈.

Eli Holzer, Orit Kent(2013). A Philosophy of Havruta. Boston:Academic Studies Press; 이은혜 옮김(2018). 하브루타란 무엇인가.오산: D6코리아하우스.

Eric Liu, Nick Hanauer(2011); The Gardens of Democracy; 김문주 옮김(2017). 민주주의의 정원. 파주: 웅진 지식하우스.

Jay McTighe, Grant Wiggins(2013). Essential Questions: Opening Doors to Student Understanding; 정해승, 이원미 옮김(2016). 핵심 질문-학생에게 이해의 문 열어주기. 서울: 사회평론아카데미.

John Dewey(1938). Experience and Education. Kappa Delta Pi; 박철홍 옮김(2002). 아동과 교육과정 · 경험과 교육. 용인: 문음사.

John Stuart Mill(1859). On Liberty; 서병훈 옮김(2005). 자유론. 서울: 책세상.

Martin S. Dworkin(1959). Dewey Education Seletion, no.3; 황정숙 옮김(2013). 존듀이교육론. 서울: 씨아이알.

Palmer, Parker J.(1998). The Courage to Teach; 이종인, 이은정 옮김.(2005). 가르칠 수 있는 용기. 서울: 한문화멀티미디어.

Pamela K. Metz(1994). The Tao of Learning; 이현주 옮김(2003). 배움의 도. 서울: 도서출판 민들레.

Pasi Sahlberg(2011). Finnish Lessons: What Can the World Learn from Educational Change in Finland?; 이은진 옮김(2016). 핀란드의 끝없는 도전. 파주: 도서출판 푸른숲.

Paulo Freire, Myles Horton(1991). We Make Road by Walking: Conversations on Education and Social Change; 프락시스 옮김(2006). 우리가 걸어가면 길이 됩니다. 서울: 아침이슬.

Paulo Freire(1998). Teachers as cultural workers −Letters to those who dare teach−;

교육문화연구회 옮김(2000). 기꺼이 가르치려는 이들에게 보내는 편지- 프레이리의 교사론. 서
울: 아침이슬.

Palker J. Palmer(1998). The Courage to Teach; 이종인, 이은정 옮김(2000). 가르칠 수 있는 용
기. 서울: 한문화.

Todd Rose(2016). The End of Average; 정미나 옮김(2018). 평균의 종말. 파주: 21세기북스.

G. R. Beabout & M.Hannis(2016). Ethics; The Art of Character. Glastonbury, Somerset:
Wooden Books.

Richard W. Morshead(1995). Patterns of Educational Practice: Theories of Curriculum.
Ann Arbor, Michigan: The Pierian Press.

법령 및 자료집

교육기본법 [시행 2019. 6. 19.] [법률 제15950호, 2018. 12. 18., 일부개정]

교육부(2015). 초·중등학교 교육과정 총론. 교육부 고시 제2018-162호.

교육부(2018). 민주시민교육 활성화를 위한 종합계획.

국가평생교육진흥원(2014). 초등학교(1~3학년) 학부모를 위한 자녀교육.

국가평생교육진흥원(2014). 초등학교(4~6학년) 학부모를 위한 자녀교육.

인성교육진흥법 [시행 2019. 12. 10.] [법률 제16745호, 2019. 12. 10., 일부개정]

학교폭력예방 및 대책에 관한 법률 [시행 2020. 3. 1.] [법률 제16441호, 2019. 8. 20., 일부개정]

International Baccalaureate Organization(2013). What is an IB education? Retrieved
from http://www.ibo.org/globalassets/digital-toolkit/ brochures/what-is-an-ib-
education-en.pdf.

OECD(2005). The definition and selection of key competencies: Excutive summary.
Retrieved from http://www.oecd.org/pisa/35070367.pdf.

OECD(2018). The future of education and skills: Education 2030. Position Paper.

논문

박수자(2013). 초등학생의 읽기 후 질문 생성 양상에 관한 고찰. 어문학교육, 46, 55~76.

서정화(2015). 인성교육 진흥을 위한 교원 역량 강화의 과제. 한국교원교육연구, 32(3), 387~404.

소경희(2007). 학교교육의 맥락에서 본 '역량(competency)'의 의미와 교육과정적 함의. 교육과정연구, 25(3), 1~21.

임유나, 김선은, 안서헌(2018). 국제공인 유 · 초등학교 교육과정(IB PYP)의 특징과 시사점 탐색. 교육과정연구, 36(2), 25~54.

이지연(2017). 4차 산업혁명을 대비한 청소년 진로교육의 방향. 제44차 한국진로교육학회 춘계학술대회지, 65~96.

정선영, 최현정(2018). 이스라엘 하브루타 원리에 기초한 온라인 토론활동의 상호작용패턴 분석. 학습자중심교과교육연구, 18(10), 351~373.

Kent, O. (2010). A Theory of Havruta Learning. Journal of Jewish Education, 76, 215–245.

Kent, O., Allison, C. (2012). Havruta Inspired Pedagogy: Fostering An Ecology of Learning for Closely Studying Texts with Others. Journal of Jewish Education, 78, 227–253.

TV방송

『EBS 다큐프라임』 「공부 못하는 아이 3부—성적표를 뛰어넘는 성공 비밀」

사이트

http://news.naver.com/main/read.nhn?mode=LSD&mid=sec&sid1=004&oid=050&aid=0000046138

http://ogisamo.blog.me/

http://raythep.mk.co.kr/newsView.php?cc=270001&no=13861

https://ncic.go.kr/

http://www.newworldencyclopedia.org/entry/Defamiliarization

https://www.ohchr.org/EN/ProfessionalInterest/Pages/CRC.aspx

https://www.unicef.or.kr/education/outline_01.asp

https://www.ytn.co.kr/_ln/0103_201606161414030296

https://quotefancy.com/